사진으로 본

러시아 한인의 항일 독립운동

제3권

3·1운동 100주년 기념

РОССИЙСКИЕ КОРЕЙЦЫ

В БОРЬБЕ ЗА НЕЗАВИСИМОСТЬ КОРЕИ ФОТОПОРТРЕТЫ

КНИГА 3

ПОСВЯЩАЕТСЯ 100-ЛЕТИЮ ПЕРВОМАРТОВСКОГО ВОССТАНИЯ

한울

재러독립유공자후손협회
러시아과학아카데미 동방학연구소
한국외국어대학교 디지털인문한국학연구소

사진으로 본 러시아 한인의 항일 독립운동 제3권

3·1운동 100주년 기념

서울-모스크바
2019

РОО «Потомки борцов за независимость Кореи»
Институт востоковедения РАН
Институт цифровых корейских исследований при университете иностранных языков Ханкук

РОССИЙСКИЕ КОРЕЙЦЫ
В БОРЬБЕ ЗА НЕЗАВИСИМОСТЬ КОРЕИ
ФОТОПОРТРЕТЫ
КНИГА 3

ПОСВЯЩАЕТСЯ 100-ЛЕТИЮ ПЕРВОМАРТОВСКОГО ВОССТАНИЯ

СЕУЛ - МОСКВА
2019

편집
최 발렌틴 발렌티노비치, 신 드미트리 블라디미로비치

책임편집
박 벨라 보리소브나

감수
반병률

번역
안동진
이재훈
신동혁

사진으로 본 러시아 한인의 항일 독립운동 제3권

서울–모스크바

제3권은 1910~1945년 러시아와 그 접경 지역에서 싸웠던 제1, 2권에서 발표되지 않은 50명의 항일 독립운동가를 소개한다. 러시아 한인의 역사에 관심이 있는 각계각층의 독자에게 일독을 권한다.

이 저서는 2017년 정부(교육부)의 재원으로 한국연구재단의 지원을 받아 수행된 연구임
(NRF-2017S1A5B4055531).

ББК

Составители
Валентин Валентинович Цой, Дмитрий Владимирович Шин

Ответственный редактор
Бэлла Борисовна Пак

Консультант
Пан Бен Рюль

Перевод
Ан Дон Джин
Ли Чже Хун
Шин Дон Хёк

Российские корейцы в борьбе за независимость Кореи. Фотопортреты. Книга 3.
Сеул - Москва

В третьей книге приведены новые, неопубликованные в 1-й и 2-й книгах 50 портретов и кратких биографий борцов за независимость Кореи, сражавшихся на территории России и прилегающих областях в период 1910-1945 гг. Книга предназначена для широкого круга читателей, интересующихся историей российских корейцев.

This work was supported by the Ministry of Education of the Republic of Korea and the National Research Foundation of Korea (NRF-2017S1A5B4055531).

차례

СОДЕРЖАНИЕ

서문

박 벨라 보리소브나

러시아과학아카데미 동방학연구소 한국역사문화과 과장, 역사학 박사.

이 책은 앞서 출간된 두 권의 『사진으로 본 러시아 한인의 항일 독립운동』의 제3권이다. 제3권에는 제1, 2권에서 발표되지 않았던, 조선 독립을 위해 투쟁한 새로운 50명 독립투사들의 초상과 전기를 소개한다. 그들 중에는 러시아 연해주와 아무르 주변, 그 접경 지역에서 홍범도, 박 일리야, 박경철, 한창걸, 오하묵 등이 이끌던 빨치산 부대와 제5군 등에 소속되어 싸웠던, 전에 알려지지 않았던 지도자들과 고려인 항일 투쟁 참여자들이 포함된다. 이 연구는 러시아국립사회정치사문서보관소(РГАСПИ), 하바롭스크주국립문서보관소(ГАХК), 러시아국립군사문서보관소(РГВА), 국방성중앙문서보관소(ЦАМО), 연해주국립문서보관소(ГАПК) 등 러시아의 중앙과 지역 문서보관소 자료들을 바탕으로 진행되었다. 또한 회상, 서한, 가족들의 구술 등 집안에 소중하게 간직되었던 정보들을 폭넓게 사용하였다.

이 책의 저자들을 특별히 언급하고 싶다. 최 발렌틴 발렌티노비치는 고려인독립유공자후손협회 회장이며 유명 기자이자 사회 활동가이고, 최재형(최 표트르 세묘노비치)의 손자이다. 국립문서보관소 자료와 가족들이 소중하게 보관해오던 자료, 서류를 수집하여 체계화하는 엄청난 작업을 수행한 신 드미드리 블라디미로비치는 유명한 고려인 연구자이며 정보 포털 사이트 '아리랑'의 설립자이자 운영자이

ПРЕДИСЛОВИЕ

Пак Бэлла Борисовна

руководитель Кабинета истории и культуры Кореи Института востоковедения РАН, доктор исторических наук.

Настоящее издание является продолжением двух ранее вышедших книг «Российские корейцы в борьбе за независимость Кореи». В третьей книге приведены новые, неопубликованные в 1-й и 2-й книгах 50 портретов и биографий корейских патриотов-борцов зане за висимость Кореи, в т.ч. неизвестных ранее лидеров и участников антияпонской борьбы из числа российских корейцев, сражавшихся в партизанских отрядах Хом Бомдо, Ильи Пака, Пак Генчера, Хан Чангера, О Хамука, в рядах 5-й Армии и др. на территории русского Приморья и Приамурья и прилегающих областях. Главную источниковую базу исследования составили материалы фондов центральных и региональных архивов Российской Федерации — Российского государственного архива социально-политической истории (РГАСПИ), Государственного архива Хабаровского края (ГАХК), Российского государственного военного архива (РГВА), Центрального архива Министерства обороны (ЦАМО), Государственныый архив Приморского края (ГАПК). В книге широко использованы сведения, содержащиеся в воспоминаниях, письмах, семейных преданиях.

Особо хотелось бы отметить авторов книги - президента российского Общества потомков борцов за не зависимость, видного журналиста и общественного деятеля, внука Петра Семеновича Цоя Валентина Валентиновича Цоя и известного исследователя российских корейцев, создателя и директора информационного портала “Ариран” Дмитрия

다. 이 책은 수년간 집중된 학술 탐구의 결과물이며 고려인 조선독립투쟁 연구에서 중요한 사건이고, 독립투사들에 대한 기억을 보존하고 조선 해방운동에 대한 지식을 대중화하는 데 기여할 중요한 업적이다. 저자들은 새로운 자료와 문서를 기반으로, 1910년 일본의 조선 강점 이후 러시아의 고려인들이 한민족의 민족해방 항일 투쟁에서 얼마나 광범위하게, 그리고 얼마나 치열하게 참여했는지를 보여주었다.

러시아는 오래전부터 한인들이 유입되던 중심지였다. 처음 조선을 등지고 망명을 선택했던 인물들, 다시 말해 일본의 조선 강점 이후 일본의 정치 박해 때문에 조국을 등질 수밖에 없었던 민족해방 투쟁의 참가자들은 러시아를 투쟁의 중심지로 삼으려 하였다. 이렇듯 조선에서 엄혹한 무단통치가 자행될 때 러시아의 극동은 일본의 식민통치에 대항한 조선 독립투사들의 투쟁 중심지이자 활동 기지가 되었다. 조선의 대표적 망명객들이 러시아를 망명지로 선택했던 핵심 요인은 두 가지였다. 하나는 양국이 지리적으로 인접하였다는 것이며, 다른 하나는 러시아 극동 지역에 한인들이 상당수 거주하고 있었다는 것이다. 러시아 극동에 이주한 조선인은 1917년 초 이미 10만 명을 넘어서고 있었다.

그들은 빨치산 부대에 자금이나 의복, 식료품 등을 지원하던 가장 확실한 기반이었으며, 적군 소속 빨치산 부대를 조직하고 유지할 수 있게 해준 가장 강력한 세력이었다. 그들 덕분에 빨치산 부대와 적군은 조선 내에서 그리고 만주 접경 지역에서 일본군과 백군에 대항하여 군사작전을 펼칠 수 있었다. 러시아와 중국 한인들의 항일 투쟁은 일본의 식민 지배 기간 내내 전체 한민족 해방운동의 근간을 이루었다.

연해주에 거주하는 모든 한인들이 항일운동을 지원하였다. 일본인들에 의해 억압받는 조국에 대한 공감, 그리고 조선의 자유와 독립을 위해 어떤 희생이라도 치르겠다는 각오가 모든 계층의 주민들을 결합시켰다. 농민, 노동자, 고용농, 1910년까지 조선에서 애국 투쟁을 이끌었던 애국심 투철한 조선 양반, 일본인들이 강제로 해산하고 박해를 가하자 이를 피해 러시아 연해주로 도주했던 조선군 장

Владимировича Шина, проделавших огромную работу по сбору и систематизации документов и материалов в государственных и семейных архивах. Настоящая книга-итог многолетнего интенсивного научного поиска, важное событие в изучении борьбы российских корейцев за независимость Кореи, заметный вклад в дело сохранения памяти о национальных героях-патриотах и популяризации знаний об освободительном движении Кореи. Авторам удалось на основе привлечения новых документов и материалов показать широту и размах участия российских корейцев в национально-освободительной, антияпонской борьбе корейского народа, принявшей особенно широкий масштаб после аннексии Кореи Япониейв 1910 г.

Россия издавна являлась центром притяжения корейцев, и именно сюда устремился основной поток передовых представителей корейской эмиграции—участников национально-освободительной борьбы, вынужденных покинуть родину из-за преследований японской полиции после аннексии Кореи Японией. В условиях, когда в Корее господствовал жесточайший военно-полицейский режим, российский Дальний Восток стал главным очагом и оперативной базой борьбы корейских патриото в противяпонского колониального господства. Важными факторами, благоприятствовавшими широкому проникновению в Россию передовых представителей корейской эмиграции, являлись непосредственная близость двух стран, значительное количество корейцев, проживавших на русском Дальнем Востоке. Численность корейских переселенцев на русском Дальнем Востоке к началу к 1917 г. превысила 100 тыс. человек.

Они и стали наиболее активной и влиятельной силой, собиравшей средства, одежду и продовольствие на снаряжение повстанцев, формировавшей и в ходившей в состав Красной Армиии партизанских отрядов, участвовавшей в боевых операциях на территории Кореи приграничных районов Маньчжурии против японских интервентов и белогвардейцев. Антияпонская борьба российских и китайских корейцев на всем протяжении японского колониального господства стала важной составной частью обще корейского освободительного движения.

Антияпонское движение поддерживалось всеми проживавшими в Приморье корейцам. Сочувствие к своей родине, притесняемой японцами готовность идти на любые жертвы ради свободы и независимости Кореи объединяли все слои населения : крестьян, рабочих, батраков, представителей патриотически настроенного корейского

교와 군인, 위대한 사회·민족 활동가, 거물급 혁명가·국제주의자·국제공산주의 운동 활동가를 배출했던 인텔리 계층, 이렇게 모든 계층을 결합시켰다.

뛰어난 항일 투쟁 활동가이자 만주와 러시아 연해주에서 '의병' 운동을 조직했던 이범윤, 이용, 김인수 등이 자신의 항일 활동을 러시아 영토로 옮겼다. 그들이 만든 부대는 러시아 연해주, 특히 조선과 접경한 지역에서 일본군 수비대를 공격하여 격파하였고, 중국 내 조선인의 도움을 받아 일본군에 대한 군사 행동을 벌이기 위해 정의군 일부와 연합하여 조선 내지 깊숙이 돌진하였다. 러시아 한인들 중 항일운동의 중요 지도자들인 최재형(최 표트르 세묘노비치), 이위종(리 블라디미르 세르게예비치), 이상설, 이범윤, 안중근, 이동휘 등은 일본의 압제로부터 조선을 해방시키고 조선 전역에서 항일운동이 일어나도록 러시아 연해주에서 빨치산 부대를 조직하였다. 러시아 극동 애국 단체 회원들이 보여준, 일본을 향한 조선 민중의 가장 강력한 복수는 일본의 조선 침략 정책을 입안하고 추진했던 인물, 1905년 조선이 일본의 보호령으로 전락한 후 조선의 제1대 통감이 된 이토 히로부미를 처단한 것이었다. 동지이자 전우였던 백규삼, 조도선, 우덕순, 유동하, 김성백 등이 원조하고 조선의 민족 영웅 안중근이 감행하였다.

모든 민족과 인종의 자유·평등·자결 원칙을 선포하고, 박해받는 제 민족에게 민족 해방의 가능성을 열어주었던 러시아 10월혁명의 승리는 식민지 억압에 대항하여 단호히 항거하도록 한민족을 고무하였으며, 항일 운동을 더욱 강력히 폭발시킨 촉매제였다. 그 연장선에서 1919년 조선의 3·1민족운동이 격발되었다. 3·1민족운동은 조선의 자유와 독립을 위해 일본의 폭압에 항거한 한민족의 가장 강력한 시위였으며, 신시대 아시아에서 일어난 최초의 반(反)식민지 운동들 중 하나였다. 러시아 한인 애국자들은, 조선의 애국 단체들이 러시아의 혁명사상을 받아들여 당시 막 성장하고 있던 조선 내 반일대중 운동의 힘을 강화시키고, 그들이 일본의 압제에 대항해 맹렬한 무장투쟁을 결단력 있게 추진하도록 하는 데 역량을 집중하였다.

1919년 3월 조선에서 일어났던 봉기와 사건들이 비극적으로 끝났

дворянства, возглавлявших до 1910 г. партизанскую борьбу в Корее, офицеров и солдат расформированной японцами корейской армии, бежавших в русское Приморье от преследований японских властей, интеллигенцию, выдвинувшую из своих рядов крупных общественных и национальных деятелей, видных революционеров-интернационалистов-деятелей между народного коммунистического движения.

На территорию России перенесли свою антияпонскую деятельность выдающиеся деятели антияпонской борьбы, организаторы движения «Ыйбён» в Маньчжурии и Российском Приморье Ли Бомъюн, Ли Ен, Ли Хогу, Ким Инсу. Из приграничных Корее районов сформированные ими в русском Приморье вооруженные отряды совершали нападения на японские воинские гарнизоны в Корее,истребляли их и прорывались в глубь страны, на соединение с частями Армии справедливости, чтобы, опираясь на помощь корейского населения на китайской территории, начать военные действия против японцев. Главные руководители антияпонскогодвижения среди российских корейцев Чхве Джэхен(Цой Петр Семенович), Ли Виджон(Ли Владимир Сергеевич), Ли Сансоль, Ли Бомъюн, Ан Джунгын, Ли Донхви, и другие, занимались организацией партизанских отрядов в русском Приморье с целью поднять всеобщее антияпонское восстание в Корее и освободить страну от японского гнета. Крупнейшим актом возмездия корейского народа, организованным членами патриотических организаций русского Дальнего Востока явилась расправа с главным вдохновителем и организатором захватнической политики Японии в Корее, первым японским генерал-резидентом в Корее после превращения в 1905 г. Кореивяпонский протекторат Ито Хиробуми, совершенная национальным героем Кореи Ан Джунгыном при помощи боевых товарищей и близких соратников - Бэк Гюсама, Чо Досона, У Доксуна, Ю Тонха, Ким Сонбэка.

Победа Октябрьской революции в России, провозгласившей принципы свободы, равенства и самоопределения всех наций и рас, открывшей перед угнетенными народами перспективы национального освобождения, вдохновила корейский народ к решительному протесту против колониального гнета и явилась катализатором назревающего взрыва антияпонских настроений, вылившегося в Первомартовское народное движение 1919 г. в Корее - самое мощное выступление корейского народа против японских поработителей за свою свободу и независимость, и одно из первых крупных антиколониальных движений в Азии новейшего времени. Корейские патриоты из России способствовали мобилизации

다는 소식은 러시아 한인들이 적과의 투쟁을 위해 더 적극적으로 무기를 들고 일어서도록 고무하였다. 러시아 극동에서는 조선으로 파병하기 위해 새로운 '의병' 부대들이 조직되기 시작하였다. 의병의 조직과 무장을 위해 그 지역 한인들은 큰 액수의 자금을 기부하였다. 그러나 러시아 극동에서 이범윤, 홍범도 등 일부 '의병' 지도자들이 체포되면서 의병 부대들은 기지를 만주로 옮겨 갔으며, 한반도 북쪽에 있던 수많은 '의병' 부대 역시 부대의 기반을 만주로 옮겼다.

조선의 민족해방운동에 많은 도움을 주었던 것은 러시아의 진보적인 한인 인텔리 계층이었다. 그들은 직업적 혁명가들, 국제주의자들, 코민테른 원동 비서국 산하와 러시아 공산당 원동부 산하 한인부를 구성했던, 러시아의 10월혁명 이후 조직되어 주로 극동에서 활동했던 한인 항일 사회조직의 조직가들과 적극적인 활동가들이었다. 그리고 러시아공산당 지역 조직의 세포들이었으며, 최초 한인 사회주의 조직의 핵심 인물이었다. 그들 중 많은 수가 반제국주의 운동의 추동력이었던 조선의 3·1운동에 적극적으로 참여했었다.

한민족이 일심으로 바랐던 가치를 충실히 수호했던 사람들은 선전·선동·교육 활동에 적극적으로 전념하였고, 조선 내에서 항일 저항운동을 조직하였으며, 조선의 혁명을 위해 기금을 모으고, 무기와 인쇄기를 구입하여 조선에 보냈으며, 조선 혁명운동을 돕기 위해 지원병을 모집하였고, 혁명문학을 한국어로 발행하여 한인들에게 보급하였다. 그 혁명문학에서 총을 들고 일본 침략자들과 싸울 것을 호소하고, 모든 애국지사들은 혁명사상으로 단일 대오를 형성해야 하며, 일본과의 무장투쟁에서 반드시 승리하리라는 믿음을 심어주었다. 그들은 일본 제국주의자에 맞서 대중이 들고 일어나야 한다고 외쳤으며, 나아가 항일 대중운동을 이끌었다.

정의를 위한 투쟁, 일제의 야수적 약탈에 신음하고 경찰의 만행, 기아, 감옥 외에는 아무것도 얻을 수 없는 억압받는 한민족에 대한 연민, 증오스러운 일본 식민 압제로부터 한민족을 해방시키는 일을 돕고 싶다는 희망, 그리고 정의를 위한 투쟁 등은 항일 저항운동의 훌륭한 투사들, 남만춘, 김단야, 박헌영, 이영호, 조동호, 박애, 조훈, 김철수, 전일, 장도정, 김 로만 니콜라예비치(김길영), 이백초 등

сил поднимающегося массового антияпонского движения своей целенаправленной работой по распространению революционных идей в Корее, находивших живой отклик в патриотических кругах самой Кореи, укрепляли их решимость к отчаянной вооруженной борьбе против японских захватчиков.

Известия о событиях в Корее марта 1919 г. и трагическом исходе восстания побудили корейцев России еще активнее взяться за оружие для борьбы с врагом. На русском Дальнем Востоке стали формироваться новые отряды "Ыйбён" для отправки в Корею. На ихорганизацию и вооружение корейское население жертвовало большие суммы денег. Однако в связи с арестами часть лидеров "Ыйбён" на русском Дальнем Востоке, в том числе Ли Бомъюн, Хон Бомдо и другие, перешла в Маньчжурию, куда к тому времени перебазировались и многие отряды "Ыйбён" и из северной Кореи.

Большую помощь национально-освободительному движению в Корее оказывала передовая корейская интеллигенция России: профессиональные революционеры-интернационалисты, организаторы и активные деятели возникших после Октябрьской революции и действовавших преимущественно на Дальнем Востоке корейских антияпонских общественных организаций, состоявшие в корейских секциях при Дальневосточном бюро Компартии России, при Дальневосточном секретариате Коминтерна, лидеры первых корейских социалистических организаций и ячеек местных организаций российской Компартии. Многие из них были участниками Первомартовского восстании в Корее, побудившего их резко активизировать участие в антиимпериалистическом движении.

Верные защитники национальных интересов корейского народа - они активно занимались агитационной, пропагандистской и инструкторской деятельностью, помогали создавать организации антияпонского сопротивления в Корее, проводили сбор средств в фонд корейской революции, закупали оружие, типографские принадлежности и переправляли их в Корею, проводили вербовку добровольцев для отправки их в помощь революционному движению в Корее, издавали на корейском языке и распространяли среди корейского населения революционную литературу, в которой призывалик вооруженной борьбе с японскими захватчиками, проводили идеи объединения всех патриотов в этой борьбе, вселяли веру в победу в ней. Они же являлись инициаторамии руководителями массовых выступлений против японских империалистов.

수없이 많은 러시아 한인들에게 삶의 의미가 되었다. 그들은 목숨을 건 지하운동을 하기 위해 조선과 만주 등지로 떠났으며, 식민 지배라는 악조건에서 활동하였고, 출판물로 일본의 식민정책을 폭로하는 운동을 전개하였다. 그들은 지역 혁명가들과 접촉하여 공산주의 조직을 구축하도록 도왔다. 또한 지하 혁명조직 활동을 지도하였으며, 무기·포탄·탄약·의약품을 모아 빨치산 부대로 보냈고, 일본군 주둔지와 군사시설물을 습격하였다. 러시아의 한인 지도자들은 한인 망명 애국자들에게 혁명 이론을 소개하고 투쟁 경험을 교육하여 혁명 1세대를 조직하였다. 그들은 특히 1920년대에는 러시아의 연해주와 시베리아를 중심으로 한인 혁명가들과 망명가들을 모아 러시아의 연해주와 시베리아에서 공산주의 단체들을 조직하였다. 그들의 지도하에 조선 전역에 불법적인 노동자 조직과 지하 농민연맹이 조직되었다. 제국주의 일본(소비에트 러시아와 조선 민족의 공동의 적)에 맞선 '의병' 활동에서 러시아 한인들이 보여준 애국심과 영웅적 자기 헌신, 일본의 식민 압제를 전복하고 조선이 독립할 수 있도록 러시아 극동 지역에 군사 조직을 만들려 했던 러시아 한인들의 노력, 조선 내 반제국주의 세력의 역량을 강화하고 여러 항일운동 단체들을 결집시키려 했던 러시아 한인들의 실천 노력은 일본의 병탄 야욕을 막는 중요한 바탕이 되었다.

Борьба за справедливость, сострадание угнетенному корейскому народу, хищнически эксплуатируемому Японией и неполучающему взамен ничего, кроме полицейского произвола, голода и тюрем, желание помочь делу освобождения его от ненавистного японского колониального гнета составляли смысл жизни российских корейцев-выдающихся борцов антияпонского сопротивления — Нам Манчхуна, Ким Данъя, Пак Хенён, Ли Енхо, Чо Донхо, Пак Ай, Чо Хун (Тё Хун), Ким Чхольсу (Ким Черсу), Чон Ир (Тен Ир), Тян Доден, Ким Романа Николаевича (Ким Гирион), Ли Бэкчо и многих других. Они отправлялись на рискованную подпольную работу в Корее, Маньчжурии, действовали в условиях оккупационного режима, вели кампанию в печати по обличению колониальной политики Японии. Они устанавливали контакты с местными революционерами, помогали им в создании коммунистических организаций. Они руководили деятельностью подпольных революционных организаций, добывавших для партизан оружие, патроны, боеприпасы, медикаменты, переправляли их в партизанские базы, совершали налеты на японские расположения, военные объекты. Лидеры российских корейцев знакомили корейских патриотов эмигрантов с революционной теорией, обучали опыту борьбы, формировали первое поколение борцов-революционеров. Они участвовали в образовании коммунистических групп в среде корейских революционеров и эмигрантов, прежде всего, в российском Приморье и Сибири, где в 20-е годы сформировались зарубежные центры этого движения. Под их руководством по всей стране были созданы нелегальные рабочие организации и подпольные крестьянские союзы. Глубокий патриотизм, героическая самоотверженность, проявленные российскими корейцами в боевых операциях повстанцев «Ыйбён» в борьбе против общего врага Советской России и корейского народа — империалистической Японии, подготовка корейскими патриотическими организациями русского Дальнего Востока всеобщей войны за свержение японского колониального гнета и независимость Кореи, в сочетании с другими формами антияпонского движения, усиливая позиции антиимпериалистических сил Кореи, явились главным препятствием на пути аннексионистских устремлений Японии.

감수자의 말

반병률

한국외국어대학교 사학과 교수, 역사학 박사.

이 책은 러시아 모스크바에 있는 재러독립유공자후손협회, 러시아 과학아카데미 동방학연구소와 한국외국어대학교 디지털인문한국학연구소 토대연구사업단이 공동으로 간행한 『사진으로 본 러시아 한인의 항일 독립운동』의 제3권이다. 제1권은 2004년 한국의 국사편찬위원회의 지원을 받아 모스크바에서 간행되었고, 제2권은 2013년 고려인문화농업교류협력회의 후원으로 서울에서 발간된 바 있다. 제3권은 한국연구재단의 토대연구지원사업("디지털 아카이브로 보는 일제강점기 한국과 러시아 한인의 역사"—NRF-2017S1A5B4055531)의 지원으로 발간하게 되었다.

제1권에는 40명, 제2권에는 53명의 항일 독립운동가의 사진과 약전이 수록되어 있다. 2019년 3·1운동 100주년을 기념하여 발간되는 제3권에는 러시아 지역에서 활동했던 항일 애국지사 50명의 사진과 약력이 새롭게 소개되어 있다. 그리하여 『사진으로 본 러시아 한인의 항일 독립운동』 시리즈를 통해 러시아 지역에서 활동했던 총 143명의 애국지사들을 망라하게 되었다.

이 시리즈 세 권의 편저자는 최발렌틴 발렌티노프 박사(Kandidat)이다. 그는 제정러시아 시기로부터 러시아혁명 초기에 이르는 러시아한인사회의 저명한 지도자이자 애국자였던 최재형(표트르 세묘노비

От консултанта

Пан Бен Рюль

профессор кафедры истории при университете иностранных языков Ханкук, доктор исторических наук

Настоящая книга – третий том из серии «Российские корейцы в борьбе за независимость Кореи. Фотопортреты», которая была издана совместно с ассоциацией «Потомки борцов за независимость Кореи» (г. Москва), Институтом востоковедения РАН и отделом фундаментальных исследований цифровых корейских исследований при университете иностранных языков Ханкук. Первый том был опубликован в 2004 году в Москве при поддержке Комитета по составлению национальной истории Кореи, а второй – в 2013 году в Сеуле при поддержке Корейской ассоциации культурного и сельскохозяйственного обмена. Третий же том вышел при поддержке отдела фундаментальных исследований Корейского исследовательского фонда («История Кореи и российских корейцев периода японской оккупации в цифровом архиве» NRF-2017S1A5B4055531).

В первом томе содержится сорок, а во втором – пятьдесят три биографии и фотографии активистов движения за независимость. В третьем томе, вышедшем в 2019 году в ознаменование 100-летия «Движения 1-го марта», представлены фото и жизнеописания ещё пятидесяти борцов против японской колонизации. Таким образом, в серии «Российские корейцы в борьбе за независимость Кореи. Фотопортреты» охвачено в общей сложности 143 борца, действовавших на территории России.

Редактором всех трех томов этой серии стал Валентин Цой. Он является внуком Петра Семёновича Цоя (Чхве Чжэ Хёна), выдающегося лидера и патриота корейской общины в России времен царизма до начала Октябрьской революции. Соредактором второго тома является

치)의 손자이기도 하다. 제2권의 공동 편저자는 러시아 한국학계의 거목이었던 고 박 보리스 드미트리예비치 교수(1931~2010)인데, 그는 제1권의 러시아어본을 감수하기도 하였다. 제2권에 이어 제3권의 서문을 쓴 박 벨라 보리소브나 박사는 그의 따님으로 한러 관계사 분야에서 많은 업적을 내고 있는 러시아 한국학계의 중진 역사학자이다. CIS 고려인 포털 사이트 Arirang.ru를 운영하고 있는 젊은 세대 언론인 신 드미트리 블라디미로비치 선생이 제3권의 공동 편저자를 맡아주셨다.

『사진으로 본 러시아 한인의 항일 독립운동』의 제1권과 제2권은 각각 한인 러시아 이주를 기념하여 발간되었는데, 제1권은 140주년을, 제2권은 150주년을 기념하였다. 세심한 독자는 이미 간파했겠지만, 러시아로의 첫 한인 이주를 제1권에서는 1864년으로, 제2권에서는 1863년으로 보아 각기 다른 시각이 반영되어 있다. 주지하다시피 최초의 러시아 한인 이주를 러시아에서는 공식적으로 1864년, 한국 학계에서는 1863년으로 받아들이고 있다. 이러한 차이가 묘하게도 출판지인 모스크바와 서울의 서로 다른 관점을 보여준 셈이다.

대한민국 정부로부터 독립유공자로 서훈된 인사들의 수를 간행된 시점에서 보면 제1권에 실린 40명 가운데 서훈자는 17명, 미서훈자는 23명이었다. 제2권의 간행에 부친 「감수자의 말」에서 필자는 『사진으로 본 러시아 한인의 항일 독립운동』 제1권의 간행이 매우 긍정적인 결과를 가져왔다고 평가한 바 있다. 그것은 제1권에서 '대한민국 정부로부터 포상되지 못한 항일 독립운동가'로 분류된 23명 가운데 15명이 이 책의 출간(2004) 이후 새로이 독립유공자로 포상된 사실에 주목했기 때문이다(서훈자: 김 아파나시, 김만겸, 김 미하일, 김승빈, 김 알렉산드라, 이원수, 이인섭, 남만춘, 오성묵, 박민영, 박진순, 한창걸, 황운정, 황하일, 최성학, 미서훈자: 김희천, 김유경, 오하묵, 박 드미트리 하리토노비치, 박 청림, 한명세, 최고려, 전희세).

이에 덧붙여 필자는 이들 대부분이 사회주의운동에 참여한 인물들이라는 점에서 특별한 의의가 있다고 평가하였다. 흥미로운 점은 이 애국지사들이 2005년부터 2010년 사이에 집중적으로 서훈되었다는 점인데, 이는 러시아 지역 독립운동가들에 대한 대한민국 정부

выдающийся российский корeeвед профессор Борис Дмитриевич Пак(1931-2010). Он также редактировал русский вариант первого тома. Предисловия ко 2му и 3му томам написала его дочь Пак Бэлла Борисовна, ведущий российский ученый-корееввед, внесшая значительный вклад в изучение истории русско-корейских отношений. В качестве соавтора третьего тома выступил молодой журналист Дмитрий Владимирович Шин, руководитель интернет-портала корейцев СНГ – Arirang.ru.

Первый и второй том серии «Российские корейцы в борьбе за независимость Кореи. Фотопортреты» были опубликованы в ознаменование 140-летия и 150-летия начала переселения корейцев в Россию. Как уже многие успели заметить, в первом томе за точку отсчета переселения корейцев в Россию берется 1864 год, а во втором томе – 1863 год. Это вызвано тем, что в российских и корейских научных кругах нет единого мнения по этому вопросу. Российские ученые склоняются к 1864-ому году, а корейские – к 1863-му. Эта разница отразилась в разных изданиях в зависимости от места издания(Москва и Сеул).

На момент публикации число людей, которые были удостоены правительством Республики Корея высокого звания борцов за независимость, составляло семнадцать из сорока, указанных в первом томе(число людей, не получивших это звание, соответственно составляло 23 человека). В предисловии к второму тому было отмечено, что публикация первого издания серии «Российские корейцы в борьбе за независимость Кореи. Фотопортреты» имела очень позитивный общественный резонанс: пятнадцать из двадцати трёх человек, классифицированных в первом томе в качестве «активистов антияпонского движения, которые не были награждены правительством Республики Корея», после публикации книги(2004) получили звание «борцов за независимость». (Это Ким Афанасий, Ким Мангём, Ким Михаил, Ким Сынбин, Ким Александра, Ли Вонсу, Ли Инсоб, Нам Манчхун, О Сонмук, Пак Минён, Пак Чинсун, Хан Чханголь, Хван Унжон, Хван Хаил, Цой Шенхак, Не получившие звание: Ким Хичхон, Ким Югён, О Хамук, Пак Дмитрий Харитонович, Пак Чонним, Хан Мёнсе, Чхве Корё, Чон Хисе).

Кроме того, особое значение имеет тот факт, что большинство этих людей были вовлечены впоследствии в социалистическое движение. Любопытно, что наибольшее количество званий «Борец за независимость» было присвоено в период с 2005 по 2010 годы. Это говорит о том, что именно в этот период правительство Республики Корея прилагало максимальные усилия по поиску активистов антияпонского движения в России. Однако, к нашему большому сожалению, после 2010 года этого звания не удостоился ни один

보훈 당국의 적극적인 발굴과 서훈하려는 노력이 반영된 결과이다. 그러나 유감스럽게도 2010년 이후 추가로 서훈된 인사가 전혀 없는데, 이는 무언가를 계기[보훈 정책상의 변화]로 러시아 지역의 독립운동과 애국지사들에 대한 발굴과 서훈을 무시하거나 소홀히 간주하였음을 짐작케 한다.

이러한 추측은 제2권에 수록된 총 53명 인사들의 면면을 분석해보면 더욱 분명해진다. 제2권에 수록된 총 53명을 간행 당시 시점에서 살펴보면 서훈된 18명의 인사들 중 8명이 1996년 이전에, 나머지 10명이 2006년부터 2013년 사이에 서훈되었다. 그나마 1명(박경철)은 2013년에 서훈되었다. 제2권에 수록된 미서훈자 35명 가운데 제2권이 발간된 2013년 이후 서훈된 인사는 단 1명에 불과하다. 제2권에 수록된 미서훈자 35명 가운데 제2차 세계대전 말 만주와 북조선에서의 대일본전쟁에 참가한 20명을 제외할 경우 (논란의 여지가 있으므로) 항일 독립운동에 참여한 나머지 인사 15명에 대해(강백우, 김진호, 김광택, 김병화, 김 표도르 이바노비치(김준), 마춘걸, 박창극, 박치준, 한 알렉산드르 엘리세비치, 한 알렉산드라, 한 안나 세르게예브나, 채 표트르 니꼬노비치, 최 바실리 표도로비치, 조명희, 최만학) 제1권에 수록된 미서훈자 8명과 마찬가지로 서훈을 적극적으로 검토할 여지가 있다.

제3권에 수록된 인물 50명 가운데는 이미 널리 알려진 항일 투사들이 포함되어 있다. 2018년 현재 이들 가운데 16명이 대한민국 정부로부터 독립유공자 서훈을 받았는데, 한말 의병운동 이래 1910년대 민족운동, 3·1운동 그리고 이후 사회운동에서 이름을 남긴 인물들이다. 이들은 크게 두 그룹으로 나눌 수 있는데, 첫째 그룹에는 안중근 의사의 동지들인 우덕순, 조도선, 유동하를 비롯하여 한말 의병운동 이래 민족운동에서 큰 족적을 남긴 이범윤, 간도15만원사건 참가자 전홍섭 등으로, 대체로 이들은 독립유공자 서훈이 본격적으로 시작된 1962~1963년에 서훈되었다(유동하만 1988년). 두 번째 그룹은 1910년대 민족운동으로부터 3·1운동과 이후 사회운동에서 지도자급으로 활약한 인물들로, 조장원, 김단야, 김명무, 김철수, 이영호, 이백초, 박애(박 마트베이), 전일, 장도정, 홍파, 조동호 등 11명이 여기에 해당한다. 이들은 2005년에서 2011년까지의 기간에 집중적

человек, на основании чего можно предположить, что произошли изменения в политике правительства РК в вопросах поиска борцов за независимость.

Это предположение становится ещё более очевидным при анализе биографий пятидесяти трёх человек во втором томе. На момент публикации из них звание «Борец за независимость» было присвоено восемнадцати, причем восьми – до 1996 года, а десяти – в период с 2006 по 2013 годы. В 2013 году это звание было присвоено только одному человеку (Пак Кёнчел). Если из тридцати пяти человек, перечисленных во втором томе, исключить двадцать человек, участвовавших в Японо-китайской войне на территории Манчжурии и Кореи в конце Второй мировой войны (по этому вопросу до сих пор нет единого мнения), то по деятельности оставшихся пятнадцати (Кан Пяку, Ким Динхо, Ким Гвантхек, Ким Бёнхва, Ким Фёдор Иванович(Ким Джун), Ма Чхунголь, Пак Чхангык, Пак Чидюн, Пак Александр Елисеевич, Хан Александра, Хан Анна Сергеевна, Чхе Фёдор Николаевич, Цой Василий Фёдорович, Чо Мёнхи, Чхве Манхак) необходимо активно продолжать исследовательскую работу.

Среди пятидесяти человек, которым посвящён третий том, есть уже достаточно известные активисты антияпонского движения. По состоянию на 2018 год шестнадцать из них были удостоены звания «Борец за независимость». Это люди, которые оставили яркий след в национальном движении 1910-х годов вместе с борцами Армии справедливости («Ыйбён»), активистами «Движения 1-го марта» и более поздних общественных движений. Их можно разделить на две большие группы: первая группа – это соратники Ан Чжунгына, с которых в 1962-63 гг. началось присвоение этих званий (У Доксун, Чо Досон, Ю Тонха(1988), Ли Бомъюн, внёсший большой вклад в национальное движение со времен движения Армии справедливости, а также Чон Хонсоб, участник события 150 тысяч вон в Цзяньдао). Вторая группа состояла из людей, которые играли руководящую роль в «Движении 1-го марта» и последующих общественных движениях, начиная с 1910-х гг. Это одиннадцать человек: Дё Дянвон, Ким Данья, Ким Менму, Ким Черсу, Ли Енхо, Ли Пякчо, Пак Ай (Пак Матвей), Тен Ир, Тян Доден, Хон Пха, Чо Донхо. Им было присвоено звание в период с 2005 по 2011 год, что стало результатом активных действий Корейского правительства. К сожалению, в тексте серии книг «Российские корейцы в борьбе за независимость Кореи. Фотопортреты» в отношении девяти человек из шестнадцати факт присвоения звания «Борец за независимость» не упоминается (это У Доксун, Чо Досон, Ю Тонха, Ким Черсу, Ли Пякчо, Пак Ай, Тен Ир, Тян Доден).

Если ориентироваться на масштаб деятельность этих шестнадцати человек, которые

으로 서훈되었는데, 당시 대한민국 정부 보훈 당국이 사회주의운동에 대하여 적극적으로 평가한 결과라 할 것이다. 아쉽게도 『사진으로 본 러시아 한인의 항일 독립운동』 본문에는 이들 16명 가운데 9명(우덕순, 조도선, 유동하, 전홍섭, 김철수, 이백초, 박애, 전일, 장도정)에 대한 서훈 사실이 언급되어 있지 않다.

이미 서훈받은 이들 16명의 활동을 고려할 경우, 제3권에 수록된 인물 가운데 적극적으로 서훈을 검토할 필요가 있는 인물로는 백규삼, 김규열, 김인수, 임태영, 박경환, 조훈, 장학용 등 6명을 들 수 있다. 이 범주 중 이호구, 이용, 박헌영 등 북조선 정권에 참여했던 인물들은 논란의 여지가 있다.

제2권에 수록된 53명 가운데 제2차 세계대전에 참전하여 만주와 북조선에서 대일전(對日戰)을 치렀던 인물이 20명으로 다수를 차지하였다(제3권에는 강 막심 에혜노비치, 김원길, 리 비탈리 미하일로비치 등 3명). 이에 비하여 이번 제3권에는 시베리아 내전(1918~1922) 당시 연해주 등 러시아 원동 지역의 항일 빨치산 활동에 참여한 인물들이 19명으로 다수를 차지한다. 여기에 홍범도 부대에서 활약한 2명(박경환, 장학용), 3·1운동 등 민족운동과 사회운동에 참여한 적이 있는 빨치산 참가자 7명(조장원, 김명무, 이용, 이영호, 이호구, 임태영, 홍파)을 포함할 경우, 26명으로 절반이 넘는다.

이 26명 가운데 민족주의운동에서도 활동한 바 있는 4명(조장원, 김명무, 이영호, 홍파)만이 서훈되었을 뿐이다. 이 연해주 빨치산들의 활동을 보면 일본군과 직접 전투한 경우는 매우 드물고, 대부분이 백군과의 전투에 참여하였다. 백군이 시베리아에 침략군을 파병한 일본의 지원을 받고 있던 당시 상황에서 한인 빨치산들은 러시아혁명 세력 측에 가담하여 백군과 싸웠다. 이 한인 빨치산들은 러시아혁명 세력의 지원을 받는다는 차원에서 더 나아가 러시아혁명의 승리에 기여하여 일본 제국주의의 몰락을 촉진함으로써 조국의 독립을 쟁취할 수 있다고 기대하였다. 한인 빨치산들의 이러한 국제주의적 노선은 일본 제국주의와 단독으로 맞붙어서는 독립을 쟁취할 수 없는 현실에서 매우 현명한 선택이었다. 여타의 민족운동 부문에서의 활동이 없이 시베리아 내전 당시 빨치산 활동에만 참여하였던 인물

получили звание «Борец за независимость», среди лиц, перечисленных в третьем томе, есть шесть человек, которые также достойны получить это звание, и их кандидатуры необходимо рассмотреть в обязательном порядке. Это Бэк Гюсам, Ким Кюйоль, Ким Инсу, Лим Тхаен, Пак Кенхван, Чо Хун, Чан Хакнён. В этой категории есть также персоналии, имеющие отношение к северокорейскому режиму (по Ли Хогу, Ли Ён, Пак Хонён до сих пор нет единого мнения).

Из пятидесяти трёх человек, представленных во втором томе, двадцать человек участвовали в Японо-китайской войне, которая велась на территории Манчжурии и Кореи в конце Второй мировой войны. (В третьем томе таких трое: Кан Максим Ехенович, Ким Вонгир и Ли Виталий Михайлович). Девятнадцать человек из героев третьего тома участвовали в антияпонских партизанских действиях в Приморском крае и других регионах Дальнего Востока во время гражданской войны в России (1918-1922). Если к ним прибавить двоих участников отряда Хон Бомдо (Пак Кенхван, Чан Хакнён) и семерых участников партизанских отрядов, связанных с «Движением 1-го марта» и последующих общественных движений (Дё Дянвон, Ким Менму, Ли Ён, Ли Енхо, Ли Хогу, Лим Тхаен, Хон Пха), то общее количество человек будет равно двадцати шести, что больше половины от общего числа.

Среди этих двадцати шести человек всего четверым участникам (Дё Дянвон, Ким Менму, Ли Енхо и Хон Пха) было присуждено звание «Борец за независимость». Хотя только некоторые из них принимали непосредственное участие в борьбе с японцами, остальные сражались с белогвардейцами, что было одной из форм противостояния японцам. Дело в том, что в то время корейские партизаны, присоединившись к русским революционным силам, сражались против отрядов Белой гвардии, которые, в свою очередь, получали поддержку со стороны сибирских подразделений японских оккупационных войск. Корейские партизаны верили, что смогут завоевать независимость страны, способствуя победе русской революции, поэтому они и оказывали поддержку русским революционным силам, что, по их мнению, должно было привести к падению японского империализма. Такой интернационализм корейских партизан можно охарактеризовать как очень мудрый выбор в сложившейся ситуации, когда независимость не могла быть завоевана только силами корейских борцов. Вот имена девятнадцати человек, которые не были активистами самого национального движения, но принимали участие в гражданской войне: Кан Тюхон, Кан Хоё, Ким Бонги, Ким Григорий Алексеевич, Ким Донхун, Ким Мугён,

은 강주홍, 강호여, 김봉기, 김 그리고리 알렉세예비치, 김동훈, 김무경, 김 니콜라이 안드레예비치, 김박현 이노겐티 이바노비치, 김 로만 니콜라예비치, 이영선, 이상훈, 이하룡, 박 바실리(박용길), 박영준, 최 바실리 이바노비치, 채 블라디미르 니콜라예비치, 윤영희, 윤상근, 양춘식 등 19명이다.

유럽 열강과 미국이 한국의 독립운동에 무관심할 뿐만 아니라 심지어 같은 제국주의 국가인 일본의 입장을 우선시하던 국제적 환경을 고려한다면, 러시아혁명과 중국혁명에 참여했던 한인 혁명가들의 활동을 더 적극적으로 평가해야 할 필요가 있다. 그리하여 일본군과의 전투에 직접 참전하지 않았다는 이유로 이들의 국제주의적인 활동을 무시하거나 과소평가하자는 주장은 항일 독립운동의 범위를 스스로 축소하는 우(愚)를 범하는 것이며, 이는 일본이 내심 바라는 바이기도 하다.

물론 원동해방전쟁을 비롯한 시베리아 내전 당시 러시아혁명 세력과 연대한 이 한인 빨치산 출신들 모두가 이후 소련 정부로부터 그에 걸맞은 보상이나 대우를 받은 것은 아니었다. 오히려 1930년대 스탈린대탄압의 광풍에 휘말려 희생된 이들이 적지 않다. 『사진으로 본 러시아 한인의 항일 독립운동』에 수록된 인물들만 보아도, 김 아파나시 아르세네비치(김성우), 김만겸, 김 미하일, 이원수, 남만춘, 오하묵, 박 니키포르 알렉산드로비치(박민영), 박진순, 한명세, 한창걸, 최성학(제1권), 김경천, 강백우, 구철성, 박밀양, 박창극, 한 알렉산드르 엘리세비치, 한 알렉산드라, 한성걸, 최 바실리 표도로비치, 최성우, 조명희(제2권), 김규열, 김단야, 김명무, 이영호, 조훈, 전일, 전홍섭 등이 스탈린 정권에 의해 처형되었다. 스탈린대탄압에 걸려들어 체포·구금되었으나 처형을 모면하고 가까스로 살아남은 이들도 있다. 이인섭(제1권), 최호림(제2권), 김 니콜라이 안드레예비치, 김박현 이노겐티 이바노비치, 김 로만 니콜라예비치, 장도정, 홍파, 채 블라디미르 니콜라예비치(제3권)가 그들이다.

『사진으로 본 러시아 한인의 항일 독립운동』에 수록된 인물들의 면면을 살펴보면, 한반도의 남과 북에서 바라보는 항일 독립운동의 성격과 범주에 비하여 이 책 편저자들의 시야가 한층 더 폭넓고 포

Ким Николай Андреевич, Ким Пакхён Иннокентий Иванович, Ким Роман Николаевич, Ли Еншен, Ли Санчун, Ли Харён, Пак Василий (Пак Ен Гир), Пак Ендюн, Цой Василий Иванович, Цхай Владимир Николаевич, Юн Енхи, Юн Сангын, Ян Чунсик.

Если принять во внимание ту ситуацию, в которой европейские страны и США не только не проявляли интереса к корейскому движению за независимость, но и вставали на сторону Японии (западным державам Япония была близка по духу как империалистическое государство), мы должны более активно изучать и давать оценку деятельности корейских революционеров, которые участвовали в русской и китайской революциях. На наш взгляд, игнорирование или недооценка интернационализма корейских борцов за независимость на одном лишьё основании, что они не принимали непосредственного участия в боях с японской армией, искусственно сужает масштабы антияпонского движения за независимость. Той же позиции придерживается и Япония.

Конечно, не все выходцы из корейских партизан, которые примкнули к русским революционным силам во время Гражданской войны на Дальнем Востоке, были награждены правительством Советского Союза. Наоборот, многие из них стали жертвами сталинских репрессий 1930-х годов. Если посмотреть на персоналии из сборника «Российские корейцы в борьбе за независимость Кореи. Фотопортреты», то можно увидеть что Ким Афанасий Арсеньевич (Ким Сону), Ким Мангём, Ким Михаил, Ли Вонсу, Нам Манчхун, О Ханук, Пак Никифор Александрович (Пак Минён), Пак Чинсун, Хан Мёнсе, Хан Чханголь, Цой Шенхак (первый том), Ким Кёнчхон, Кан Пяку, Ку Черсен, Пак Мирян, Пак Чангык, Хан Александр Елисеевич, Хан Александра, Хан Шенгер, Цой Василий Фёдорович, Цой Сону, Чо Мёнхи (второй том), Ким Кюйоль, Ким Данья, Ким Менму, Ли Енхо, Тё Хун, Тен Ир и Чон Хонсоб поплатились жизнью при Сталине. Однако некоторым из них удалось выжить после сталинских застенок. Это Ли Инсоб (первый том), Чхве Хорим (второй том), Ким Николай Андреевич, Ким Пакхён Иннокентий Иванович, Ким Роман Николаевич, Тян Доден, Хон Пха, Цхай Владимир Николаевич (третий том).

Если посмотреть на персоналии серии «Российские корейцы в борьбе за независимость Кореи. Фотопортреты», можно заметить, что точки зрения редакторов относительно характера и категорий антияпонского движения за независимость более разнообразны и инклюзивны в отличии от позиций на юге и севере Корейского полуострова. Думаю, что может возникнуть дискуссия, следует ли включить в ряды борцов за независимость

용적이라는 사실을 깨닫게 된다. 필자는 제2권의 「감수자의 말」에서 제2차 세계대전 당시 소련군에 소속되어 만주와 북조선에서의 해방 전투에 참전하였던 인물들을 항일 독립투사의 대열에 넣을 수 있는가라는 문제 제기가 있을 수 있다는 점을 지적하면서, 한반도 남북의 독자들의 전향적인 자세가 필요하다고 강조한 바 있다. 러시아를 비롯한 구소련 지역의 한인들은 한반도 남북의 주민들에 비하여 다른 민족들과 더불어 살아온 역사가 길고, 국제주의적인 경험이 한층 더 많다고 할 수 있다. 따라서 오랫동안 냉전과 분단 체제에서 살아온 한반도의 주민들에게는 미래의 민족 통합과 통일 시대에 걸맞은 역사관의 수립을 위해서라도 재러 한인들을 비롯한 해외 한인들의 역사관에 주목할 필요가 있다.

제2권의 「감수자의 말」에서 소련 시절인 1979년에 출판된 김 마트베이의 『극동에서 소비에트 정권을 위해 투쟁했던 한인 국제주의자들(М. Т. Кима Корейские интернационалисты в борьбе за власть Советов на Дальнем Востоке(1918-1922)(«Наука». Москва, 1979)을 소개한 바 있다[이 책은 『일제하 극동시베리아의 한인사회주의자들』(이준형 옮김, 역사비평사)이라는 제목으로 1990년에 한글로 번역·출판되었다].

김 마트베이의 책에 소개된 72명 가운데 『사진으로 본 러시아 한인의 항일 독립운동』에 수록된 인물은 모두 36명이다(제1권에 26명, 제2권에 7명, 제3권에 3명). 이들 가운데 대한민국 정부로부터 서훈을 받은 이는 35명에 불과하다. 독립운동가의 후손들을 발굴하고 접촉하여 자료를 수집하는 데는 이 편저자들의 공이 매우 컸다.

편저자들이 언급하듯이 『사진으로 본 러시아 한인의 항일 독립운동』은 순수한 학술서가 아니다. 또한 러시아자료에만 의존한다는 한계가 여전히 남아 있다. 그럼에도 그동안 3권에 걸쳐 시리즈로 간행된 『사진으로 본 러시아 한인의 항일 독립운동』은 러시아를 비롯한 구소련 지역과 한반도의 대중에게 더욱더 많은 새로운 항일 애국 인사들을 소개하고 부각시켰다. 그리하여 오랜 시기에 걸쳐 러시아 지역을 중심으로 각 부문에서 전개되었던 독립운동에 대한 인식의 지평을 새롭게 하고 넓히는 데 기여해왔다.

시리즈의 첫 책이 발간된 2004년에서 어느덧 15년의 세월이 흘렀

людей, которые участвовали в освободительных боях в Маньчжурии и на севере Кореи в составе Советской Армии во время Второй мировой войны. Нам хотелось бы подчеркнуть необходимость активной позиции читателей по обе стороны Корейского полуострова. Корейцы, проживающие в России и на всей территории бывшего Советского Союза, на протяжении многих лет имели возможность общения с другими народами. Это коренным образом отличает их от корейцев, проживающих на Корейском полуострове. Поэтому граждане Корейского полуострова, в течение длительного периода времени находившиеся в условиях холодной войны и раскола, должны сформировать новое понимание истории, соответствующее будущему национальному объединению и воссоединению, должны обратить внимание на то, как понимают историю российские корейцы, а также все остальные корейцы, проживающие за рубежом. В предисловии редактора ко второму изданию представлена книга М. Т. Кима Корейские интернационалисты в борьбе за власть Советов на Дальнем Востоке (1918-1922). «Наука». Москва, 1979 (Эта книга была переведена на корейский язык и издана в РК в 1990 году под названием «Корейские социалисты в Сибири и на Дальнем Востоке в период японского империализма» в переводе Ли Чжун Хёна).

Из семидесяти двух человек, о которых идёт речь в книге Кима Матвея, в серии «Российские корейцы в борьбе за независимость Кореи. Фотопортреты» включено 36 человек (в первом томе – двадцать шесть, во втором – семь и в третьем – три). Тридцать пять из семидесяти двух человек получили от правительства Республики Корея звание «Борец за независимость». И во многом это заслуга авторов сборника, которые занимались поисками потомков активистов антияпонского движения и сбором исторических данных.

Однако, как отмечают авторы, серия «Российские корейцы в борьбе за независимость Кореи. Фотопортреты» не является полноценной научной работой. Кроме того, по-прежнему сохраняется такой ограничивающий фактор, как то, что исследователи могут опираться только на российские источники. И тем не менее, трехтомная серия «Российские корейцы в борьбе за независимость Кореи. Фотопортреты» знакомит граждан России и Корейского полуострова с большим количеством ранее не известных корейских патриотов. Это расширяет горизонт знаний о движении за независимость, которое развивалось в течение длительного времени на обширной территории, включая Россию.

Прошло 15 лет с того времени, когда был опубликован первый том этой серии. Несмотря на то, что при издании каждого очередного сборника нам приходилось искать нового

다. 3권의 시리즈 각 권을 발간할 때마다 후원자를 바꿀 수밖에 없었던 어려운 여건 속에서도 꾸준하게 작업을 해온 재러독립유공자후손협회 회장 최 발렌틴 박사와 편저자로서 새로이 참여한 신 드미트리 선생에게 가일층의 지속적인 노력과 활동을 기대한다.

적어도 한말 이래 1910년대와 1920년대 초반 시기에 러시아 지역은 해외 지역을 통틀어 한인 민족운동이 가장 활발했던 지역이다. 모쪼록 『사진으로 본 러시아 한인의 항일 독립운동』 제3권의 발간을 계기로, 한반도의 남북과 러시아어권의 한인들이 러시아 지역에서 전개된 항일 투쟁과 그 주역들에 대하여 좀 더 많은 관심을 가지고 연구해줄 것을 기대한다.

спонсора, председатель ассоциации «Потомки борцов за независимость Кореи» Валентин Цой не прекращал работу по подготовке серии. Я надеюсь, что и впредь Валентин Цой, а также вновь назначенный редактор Дмитрий Шин будут всемерно поддерживать этот проект.

В 1910-е годы и в начале 1920-х годов территория России была одним местом, где наиболее активно развивалось национальное движение по сравнению с регионами других стран. Надеемся, что после публикации третьего тома серии «Российские корейцы в борьбе за независимость Кореи. Фотопортреты» корейцы, проживающие на территории Корейского полуострова и России, глубже заинтересуются историей антияпонской борьбы в России и ее главными героями.

편집자로부터

조선 독립을 위한 투쟁은 20세기 세계 정치·사회 대격변의 일부였다. 그 진앙지는 러시아였다. 치명적인 소용돌이 속으로 끌려 들어간 러시아 한인들은 그 사건들을 직접적으로 겪으면서도 항상 조국을 위하여 싸웠다. 그들은 다양한 길을 선택하였다. 이위종은 헤이그 국제회의에서, 이동휘는 임시정부를 수립하여 상하이에서, 오하묵은 적군에서, 김인수는 백군에서, 수많은 애국자들이(박헌영, 이호구, 이영 등) 그 후 서로 다른 이데올로기 노선을 선택하게 된다. 그러나 항일운동에서 그들의 업적은 논란의 여지가 없다. 이들은 모두 러시아 한인, 우리의 부친·조부·증조부들이다. 그들을 알고 기억해야만 한다. 『사진으로 본 러시아 한인의 항일 독립운동』이라는 세 권의 책에는 143명의 영웅이 소개되었다. 사실 그러한 영웅은 매우 많다. 그래도 역시 이 전기들은 애국운동의 명료한 그림을 제공해준다. 그들의 대오에는 극히 가난한 머슴들도, 유서 깊은 양반도, 궁정 장교들도 있었다. 물론 냉정하고 객관적으로 본다면, 빨치산 부대들은 군국주의 국가에 위협을 주는 막강한 세력이 될 수는 없었을 것이다. 사람들은 죽어갔지만, 또다시 또다시 투쟁을 위해 일어섰다. 한인 애국 운동의 위대한 역사를 다시 써야만 한다.

다시 한번 주의를 기울여야 할 것은 이 노작은 엄격한 학술적 연구가 아니라는 사실이다. 때로 우리는 회상, 서신, 가족의 이야기에 의거하였다. 우리는 우리 선조들의 애국정신을 전달하고 그들의 아름다운 열정적 얼굴들을 보여주고자 하였다. 젊은 세대가 가끔은 그들의 눈을 보고 "아버지들이여, 영광입니다!"라고 말할 수 있도록.

참조: 한국 성(姓)의 표기는 역사학 박사 V. F. 리와 B. D. 박의 『사진으로 본 러시아 한인의 항일 독립운동』 제1권을 그대로 따랐다.

От составителей

Борьба за независимость Кореи была частью мирового социально-политического катаклизма XX века. Эпицентр его находился в России. Российские корейцы, втянутые в смертельный водоворот, становясь заложниками событий, всегда сражались за Родину. Они выбирали разные пути: Ли Виджон– в Гааге на Международной конференции, Ли Донхви– в Шанхае, создавая Временное правительство, О Хамук– в Красной Армии, Ким Инсу– в Белой гвардии. Многие патриоты (Пак Хонён, Ли Хогу, Ли Ен и другие) оказались потом по разные стороны идеологических баррикад. Но их вклад в антияпонское сопротивление неоспорим. Это всё российские корейцы, наши отцы, деды, прадеды. Их надо знать и помнить. В трёх книгах «Российские корейцы в борьбе за независимость Кореи» собраны 143 героя. На самом деле их тысячи. Но и эти биографии дают наглядную картину патриотического движения. В её рядах находились и беднейшие батраки, и знатные янбаны, и придворные офицеры... Конечно, если смотреть холодным аналитическим взглядом, то вряд ли партизанские отряды могли оказать серьёзное сопротивление милитаризованному государству. Люди гибли, но снова и снова поднимались на борьбу. Великую историю патриотического движения корейцев ещё предстоит написать.

Ещё раз обращаем внимание, что данная работа не является строгим научным исследованием. Порой мы опирались на воспоминания, письма, семейные предания. Мы хотели передать патриотический дух наших предков, показать их прекрасные вдохновенные лица. Чтобы молодое поколение могло иногда посмотреть им в глаза и сказать: «Честь имею, отцы!»

Примечание: Написание корейских фамилий - как это было принято в 1-й книге докторами исторических наук В. Ф. Ли и Б. Д. Паком.

사진으로 본

러시아 한인의 항일 독립운동

제3권

РОССИЙСКИЕ КОРЕЙЦЫ
В БОРЬБЕ ЗА НЕЗАВИСИМОСТЬ КОРЕИ
ФОТОПОРТРЕТЫ
КНИГА 3

ПОСВЯЩАЕТСЯ 100-ЛЕТИЮ ПЕРВОМАРТОВСКОГО ВОССТАНИЯ

1. 백규삼
(?~1925)

최재형과 안중근의 동지로, '단지동맹'으로 유명한 12명의 애국자 중 한 명.
최재형이 회장으로 있던 '동의회'(1909)에서, 러시아 연해주 항일 운동의 핵심인 연추(노보키옙스크) 지역 대표였다. 1909년 2월 7일 노보키옙스크 인근 마을에서 12명의 애국자들(백규삼 포함)이 모여 조선 독립과 동방 평화를 위해 투쟁할 것을 맹세하였다. 충성을 맹세하는 표시로 12명 모두가 왼손 약지를 절단하였다. 한국 역사에서는 '단지동맹'이라고 부른다.

1. 박 B. D., 박 B. B.『안중근: 한국의 민족 영웅』(모스크바: 러시아과학아카데미 동방학연구소, 2012), 80, 122쪽.
2. 박 B. D., 최 V. V.『최재형(최 표트르 페묘노비치)』(모스크바: 러시아과학아카데미 동방학연구소, 크라프트, 2010), 145~152쪽.

1. БЭК ГЮСАМ
(… – 1925)

Боевой товарищ Чхве Джэхёна и Ан Джунгына, В «Обществе единомышленников» (1909 г.), президентом которого был Чхве Джэхён, представлял район Ёнджу (Новокиевск) — основной костяк антияпонского сопротивления Российского Приморья. 7 февраля 1909 г. в деревне под Новокиевским собрались 12 патриотов (в их числе Бэк Гюсам) ипоклялись бороться за независимость Кореи имирна Востоке. В знакверностиклятве все 12 человек отрубили себе безымянные пальцы налевой руке. В корейской историографии фигурируют как «Союз соратников сотрезанными пальцами».

1. Пак Б. Д., Пак Б. Б. Ан Джунгын — национальный герой Кореи. Москва, ИВ РАН, 2012. С.80, 122.
2. Пак Б. Д., Цой В. В. Чхве Джэхён (Цой Пётр Семёнович). Москва, ИВ РАН, Крафт, 2010. С.145-152.

2. 조장원

(1881~1968)

조선 및 러시아의 민족해방운동 참가자.
조선에서 태어났다. 어린 시절부터 항일운동에 투신하였다. 1906년 박해를 피해 러시아로 이주, 러시아 국적을 취득하였다. 제1차 세계대전 당시 독일 전선에 파병되었다. 1917년 한창걸 빨치산 부대원으로 싸웠다. 1919년부터 러시아공산당(볼셰비키) 당원이다. 1920년 수찬 구역 타우데미 마을 농촌소비에트 의장이 되었다. 1930~1932년 브란겔 수산국영농장 지배인을 지냈다. 1937년 탄압을 받아 카라간다 수용소로 보내졌다. 이후 완전히 복권되었다. 카자흐스탄 발하시에 묻혀 있다.
러시아제국 게오르기 십자가 훈장을 받았다. 대한민국 '건국'훈장이 추서되었다.

1. 손자 제가이 L. N.의 2017년 7월 30일 자 서한(최 V. V. 개인 소장).

2. ДЁ ДЯВОН (ТЁ ТЯНВОН, ЧО ЧОНВОН)

(1881 – 1968)

Участник национально-освободительного движения в Корее и в России.
Родился в Корее. С ранних лет в антияпонском сопротивлении. В 1906 г., спасаясь от преследования, переходит в Россию. Принял Российское гражданство. Направлен на Германский фронт 1-й мировой войны. В 1917 г. сражался в партизанском отряде Хан Чангера. Член РКП(б) с 1919 г. В 1920 г. — председатель сельсовета с. Таудеми Сучанского района. В 1930-1932 гг. председатель Рыбосовхоза в бухте Врангеля. В 1937 г. репрессирован, сослан в Карагандинский лагерь. Полностью реабилитирован. Похоронен в г. Балхаш Казахской ССР.
Награждён Российской империей Георгиевским крестом. Награждён Республикой Корея орденом «Основание государства».

1. Письмо внука Дегай Л. Н. 30.07.2017 // Личный архив В. В. Цоя.

3. 강 막심 예헤노비치

(1912~1975)

1945년 일제로부터의 조선 해방에 참가.

하바롭스크에서 출생하였다. 1940년 쉼켄트국립사범대학을 졸업하였다. 교편을 잡다가 카자흐스탄 잘파크튜베 소재 10년제 학교에서 교육부장을 지냈다. 1943년 적군에 징집되었다. 육전대에 복무하면서 조선 해방에 참여하였다. 1946년 제대하였다. 귀향하여 교장으로 근무하다가 1951년 카자흐스탄 교육성의 명령에 따라 사할린으로 파견되었다. 고르노자보츠크 소재 7년제 한인학교에서 교육부장으로 근무하였다. 1966년 은퇴하였다. 유족으로는 아내와 네 명의 자녀, 손자들이 있다.

1. 딸 채 O. V.의 2013년 5월 11일 자 서한(최 V. V. 개인 소장).

3. КАН МАКСИМ ЕХЕНОВИЧ

(1912 – 1975)

Участник освобождения Кореи от японских захватчиков в 1945 г.

Родился в Хабаровске. В 1940 г. окончил Чимкентский государственный педагогический институт. Работает учителем, а затем заведующим учебной частью в школе с. Джалпак-Тюбе Казахской ССР. Призванв Красную Армию в 1943 г. В составе морской пехоты освобождал Корею. Демобилизован в 1946 г. Вернулся в родноесело, работал директором школы. К 1951 г. по указу Министерства просвещения Казахской ССР направлен на Сахалин. Работал в г. Горнозаводске заведующим учебной частью в корейской семилетней школе. В 1966 г. вышел на пенсию. После смерти остались жена, четверо детей, внуки.

1. Письмо дочери Цхай О. В. от 11.05.2013 // Личный архив В. В. Цоя.

4. 강주홍
(1903~?)

연해주 빨치산, 내전 참가.
조선에서 태어났다. 12세부터 목동으로 힘든 노동을 시작하였다. 내전 시기 빨치산 부대에 들어가 일본군이 연해주에서 완전히 물러날 때까지 싸웠다. 1936년 공산농업대학을 졸업하고 '피오네르' 집단농장을 지도하였다. 이후 카자흐스탄으로 추방되었다. 1938년 '레닌스키 푸치' 집단농장의 당 조직 비서가 되었다. 1942~1961년 카자흐스탄 탈디쿠르간주(州) 카라탈스크 막심 고리키 집단농장 위원장을 역임하였다. 집단농장은 그의 지도하에 높은 수확량을 달성했으며 노동자들의 복지를 개선하였다.
소련 사회주의 노동영웅(1948) 칭호를 받았으며, '낫과 망치' 금메달, 레닌훈장, 노동적기훈장을 받았다.

1. 『사회주의 노동 영웅들: 카자흐스탄인』 4(알마티, 1980), 85~86쪽.

4. КАН ТЮХОН
(1903 – …)

Партизан Приморья, участник Гражданской войны.
Родился в Корее. Трудовую жизнь начал с 12-ти лет пастухом. В годы Гражданской войны вступил в партизанский отряд, сражался с интервентами до полного изгнания из Приморья. В 1936 г. окончил высшую коммунистическую сельскохозяйственную школу, возглавлял колхоз «Пионер». Депортирован в Казахстан. В 1938 г. — секретарь парторганизации колхоза «Ленинский путь». 1942-1961 гг. — председательколхоза им. М. Горького Каратальского района Талды-Курганской области Казахской ССР. Колхоз под его руководством достиг высоких урожаев и благосостояния трудящихся.
Присвоено СССР звание Героя Социалистического Труда (1948), награждён Золотой медалью «Серп и Молот», орденами Ленина и Трудового Красного Знамени.

1. Герои Социалистического Труда - казахстанцы. Алма-Ата, 1980. Т. 4. С. 85-86.

5. 강호여

(1890~?)

연해주 빨치산. N. K. 일류호바, G. M. 솁첸코, 한창걸 부대 대원.
조선에서 태어났다. 1919년 2월 타우데미 마을에서 빨치산 부대에 입대하였고, 블라디미르알렉산드롭스코예 지역에서 콜차크 반혁명군들과의 전투에 참가하였다. 일본군에게 포로로 붙잡혀 블라디보스토크 감옥에 48일간 수감되었다. 1920년 2월부터 N. K. 일류호바, 그 후에는 G. M. 솁첸코의 휘하에서 싸웠고, 시코토보 마을 인근 전투에도 참가하였다. 1920년부터 한창걸 부대에서 소대장, 참모장 부관을 맡았다. 1921~1922년 올가만(灣) 전투에 참가하였다. 1922년 제대하였다. 1930년대에 연해주 수찬(1935년부터 부됸놉스크) '제비치 얀바랴' 집단농장에서 일하였다.

1. 연해주국립문서보관소(GAPK). 문서번호: F. R-30. Op. 1. D. 14. LL. 22-25ob.

5. КАН ХОЁ

(1890 – …)

Партизан Приморья. Сражался в отрядах Н. К. Илюхова, Г. М. Шевченко, Хан Чангера.
Родился в Корее. В феврале 1919 г. вступил в партизанский отряд вд. Таудеми, принимал участие в боях с колчаковцами в районе села Владимиро-Александровское. Был захвачен в плен японцами и 48 дней содержался в тюрьме г. Владивостока.С февраля 1920 г. сражался под командованием Н. К. Ильюхова, затем Г. М. Шевченко, участвовал в боях под д. Шкотово. С 1920 г. был командиром взвода и помощником начальника штаба в отряде Хан Чангера. В 1921-1922 гг. принимал участие в боях в бухте Ольга. Демобилизован в 1922 г. В 1930-е гг. работал в колхозе «9 января» Сучанского (с 1935 г. — Буденновского) района Приморской области.

1. Государственный архив Приморского края (ГАПК). Ф. Р-30. Оп. 1. Д. 14. ЛЛ. 22-25об.

6. 김봉기

(1889~?)

연해주 빨치산.

1919년부터 항일운동에 참가하였다. 1921~1922년 한인 보병대대의 정치지도원으로 대(對)카펠 전투에 참가하였다. 1930년대에 수찬(1935년부터 부돈놉스크)의 파블롭스크 어업집단농장에서 근무하였다.

1. 연해주국립문서보관소(GAPK), 문서번호: F. R-30. Op. 1. D. 12. LL. 70-70ob.

6. КИМ БОНГИ

(1889 – …)

Партизан Приморья.

В антияпонском движении с 1919 г. В 1921-1922 гг. политрук Корейского стрелкового батальона, участвовал в боях против каппелевских отрядов. В 1930-е гг. работал в Павловском рыболовецком колхозе Сучанского (с 1935 г. — Буденновского) района.

1. ГАПК. Ф. Р-30. Оп. 1. Д. 12. ЛЛ. 70-70об.

7. 김원길
(1912~1959)

1945년 일제로부터의 조선 해방운동에 참가.
우수리스크주(州) 스파스크 피센촌 마을에서 농부의 아들로 태어났다. 한인학교를 졸업하고 블라디보스토크 국제사범대학에 진학하였다. 카자흐스탄으로 강제이주 되었다. 1938년 크질오르다 사범대학을 졸업하고 교편을 잡았다. 1944년 타슈켄트 군사동원부의 명령으로 징집되어 태평양 소함대 소속 특수부대로 파견되었다. 1945년 나진, 청진, 원산 등지의 수복 전투에 참가하였다. 1947년 제대하였다가 1949년 재징집되어 북한으로 파견되었다. 북한군 소장, 북한 공군 참모장 등을 지냈다. 1959년 사인 불명으로 사망하였다.
소련 정부의 '용맹' 메달, '대일승전' 메달 등을 받았으며, 북한의 '조선해방' 메달을 받았다.

1. 명 D. "1940-60년대 북한의 소비에트 한인들", 세베르나야 자그라니차, 2004.12.9. http://world.lib.ru/k/kim_o_i/s1rtf.shtml (검색일: 2018년 3월 1일).

7. КИМ ВОНГИР
(1912 – 1959)

Участник освобождения Кореи от японских захватчиков в 1945 г.
Родился в г. Писенцон Спасского района Уссурийской области в семье крестьянина. После окончания корейской школы поступил во Владивостоке в Интернациональный пединститут. Подвергся депортации в Казахстан. В 1938 г. окончил Кзыл-Ординский пединститут, работал учителем. В 1944 г. призван в армию Ташкентским райвоенкоматом. Направлен в Особый отряд Тихоокеанской флотилии. В 1945 г. участвовал в освобождении Раджина, Чхонджина, Вонсана и др. Демобилизован в 1947 г. В 1949 г. вновь мобилизован и направлен в КНДР. Генерал-майор, начальник штаба ВВС КНДР. Погиб в 1959 г. при невыясненных обстоятельствах.
Награждён СССР медалями «За отвагу», «За победу над Японией» и др. Награждён КНДР медалью «За освобождение Кореи».

1. Мен Д. Советские корейцы в Северной Корее в 40-60 гг. // Сервер «Заграница». 2004. 9 дек. URL: http://world.lib.ru/k/kim_o_i/s1rtf.shtml (дата обращения 01.03.2018).

К Г

8. 김규열

(1890~1934)

3·1운동 참가. 항일 단체 조직, 열혈 활동가.

조선 전라남도의 빈농 가정에서 태어났다. 소학교를 졸업하였다. 3·1운동에 적극적으로 참여하였다는 죄목으로 체포되어 감옥에서 3년을 보냈다. 1922년 '서울청년회', '프롤레타리아연맹', 기타 애국 조직들의 사업에 참가하였다. 1923~1926년 모스크바의 스탈린동방노력자공산대학에서 수학하였다. 졸업 후에 코민테른 집행위원회의 임무를 띠고 블라디보스토크로, 그 후 서울로 파견되었다. 1934년 체포되어 총살되었다. 1989년 완전히 복권되었다.

1. S. N. 구제가이 옮김, 『정치탄압의 한인 희생자들』 16(모스크바, 2017), 228~235쪽.

8. КИМ ГИЮР

(1890 – 1934)

Участник Первомартовского восстания, организатор и активный деятель ряда антияпонских общественных организаций.

Родился в Корее в провинции Южная Чолла в семье крестьянина-бедняка. Закончил народную школу. За активное участие в Первомартовском восстании арестован и 3 года отбывал в японской тюрьме. В 1922 г. участвовал в работе «Союза сеульской молодёжи», «Пролетарском Союзе» и других патриотических организациях. В 1923-1926 гг. обучался в Коммунистическом университете трудящихся Востока им. И.В. Сталина в Москве. По окончании по заданию ИККИ направлен во Владивосток, а затем в Сеул. В 1934 г. арестован и расстрелян. Полностью реабилитирован в 1989 г.

1. Корейцы-жертвы политических репрессий / Сост. С. Н. Ку-Дегай. Книга 16. Москва, 2017. С. 228-235.

9. 김 그리고리 알렉세예비치

(1899~?)

연해주 빨치산. N. K. 일류호바와 한창걸 빨치산 부대원으로 전투에 참가.

니콜라옙카(신영동)의 농민 집안에서 태어났다. 1919~1920년에 N. K. 일류호바 빨치산 부대에서 싸웠다. 시코토보와 카잔카 주둔 일본군과의 전투에 기관총 사수로 참가하였다.

1930년대 연해주 수찬(1935년부터 부돈놉스크)의 니콜라옙카 소재 '크레포스티' 집단농장에서 반장으로 일하였다.

1. 연해주국립문서보관소(GAPK), 문서번호: F. R-30. Op. 1. D. 24. LL. 2-9ob.

9. КИМ ГРИГОРИЙ АЛЕКСЕЕВИЧ

(1899 – …)

Партизан Приморья. Сражался в партизанских отрядах Н. К. Ильюхова и Хан Чангера.

Родился в Николаевке в семье крестьянина. В 1919-1920 гг. сражался в партизанском отряде Н. К. Ильюхова. Пулемётчик, участник боёв с японскими войскамив Шкотово и Казанке.

В 1930-е гг. работал бригадиром в колхозе «Крепость» в с. Николаевка Сучанского (с 1935 г. Буденновского) района Приморской области.

1. ГАПК. Ф. Р-30. Оп. 1. Д. 24. ЛЛ. 2-9об.

10. 김단야(김태연)

(1901~1938)

1919년 3·1운동 참가, 고려공산주의청년동맹 핵심 활동가.

경상북도에서 태어났다. 1919년 3·1운동에 참가하였다. 1921~1925년 조선, 중국, 극동의 한인 청년운동 지도자 중 한 명이다. 1926년 조선공산당 해외부 부원이자 기관지 ≪불꽃≫의 편집장이었다. 1926년 8월부터 모스크바 레닌학교에서 청강하였다. 1929년 조선공산당재건설준비위원회를 서울에서 조직하였다. 1930년 상하이에서 활동하였다. 1934년 모스크바의 외국노동자출판사에서 근무하였다. 1937년 체포되었고 이후 총살되었다.

1. "1918~1941년 전소연방공산당(볼셰비키), 코민테른, 한국", 『러시아 정치 백과사전』(모스크바, 2007), 768쪽.
2. 송 Z. G. 『러시아 한인: 권력의 전능과 민족의 공권상실 1920~1930』(모스크바: 그리피크, 2013), 293쪽.

10. КИМ ДАНЬЯ (КИМ ТЭЁН)

(1901 – 1938)

Участник Первомартовского восстания 1919 г., видный деятель корейской комсомольской молодёжи.

Родился в провинции Северный Кёнсан. В 1919 г. участвовал в Перво мартовском восстании. В 1921-1925 гг. один из лидеров корейского молодёжного движения в Корее, Китае, на Дальнем Востоке. В 1926 г. член заграничного бюро ККП, главный редактор органа «Пуркоч» («Искра»). Савгуста 1926 г. слушатель Ленинской школы в Москве. В 1929 г. создал в Сеуле организационную комиссию по воссозданию ККП. В 1930 г. работал в Шанхае. В 1934 г. работал в Москве в Издательстве иностранных рабочих. В 1937 г. арестован. Расстрелян.

1. ВКП (б), Коминтерн и Корея 1918-1941 гг. Москва, Российская политическая энциклопедия (РОССПЭН), 2007. С. 768.
2. Сон Ж.Г. Российские корейцы: всесилие власти и бесправие этнической общности. 1920-1930. Москва, ГрифиК, 2013. С. 293.

11. 김동훈

(1897~1958)

빨치산 부대 지휘관, 직업군인, 노농적군 소대장, 중대장, 대위.

서당에서 3년간 공부하였다. 1917~1918년 일리만 광산에서 막노동자로 일하였다. 1918~1920년 한인 빨치산 부대 지휘관을 지냈다. 1920~1923년 제5군 소속 한인여단 예하 중대장으로 있었다. 1923~1925년 레닌그라드 국제간부학교에서 공부하였다. 1926년 제26사단 제76보병연대 소대장이었다. 1936년 대위로 진급하였다. 1938년 5월 18일 노농적군에서 철직되었다. 1958년 8월 19일 사망하면서 소련군과 소련 해군 명부에서 삭제되었다.

1. 러시아 국방성 중앙문서보관소, 김동훈의 등록 관리 카드.
2. 러시아국립사회정치사문서보관소, 김동훈의 당 문서 No.0482158(1936년 형식).

11. КИМ ДОНХУН

(1897 – 1958)

Командир партизанского отряда, профессиональный военный, комвзвода, комроты, капитан РККА.

Окончил 3 класса сельской школы. 1917-1918 гг. — чернорабочий на прииске Илиман. В 1918-1920 гг. — командир Корейского партизанского отряда. В 1920-1923 гг. — командир роты Корейской бригады при 5-й Армии. В 1923-1925 гг. — курсант Ленинградской интернациональной школы комсостава. В 1926 г. — командир взвода 76-го стрелкового полка 26-й дивизии. В 1936 г. — капитан. 18 мая 1938 г. уволен из РККА. Исключён из списков Советской Армии и Военно-морского флота СССР ввиду смерти 19 августа 1958 г.

1. ЦАМО РФ. Учётно-послужная карточка Ким Дон Хуна.
2. РГАСПИ. Партийные документы №0482158 (образца 1936 г.) Ким Д. Х.

12. 김인수(졸로타료프 빅토르 니콜라예비치)

(?~1925)

러일전쟁 당시 지휘관, 대좌, 백군 소장, 중국 항일운동 참가자.
1904년 시종무관으로, 고종의 밀명을 받고 러시아로 파견되었다. 자바이칼군 제1네르친스크연대 예하 기병부대장이었다. 1905~1908년 이범윤과 함께 항일운동을 조직하였다. 제1차 세계대전이 발발하자 크라스노프 장군이 이끌던 카자크 사단 소속 연대장으로 전투에 참가하였다. 1918년 돈공화국 군대의 소장으로 여러 전투 작전에 참가하였다. 1922년 백군과 함께 만주로 이동하였다. 1924년 중국에서 장쭤린 원수 군대의 제1러시아혼성여단 소속으로 내전에 참가하였다. 전투 중 사망하였다.
러시아제국의 제2·3급 성 안나 장검과 리본 훈장, 제2급 성 스타니슬라프 장검 훈장, 게오르기예프 무기 등을 받았다.

1. 한 V. V. "김인수(졸로타료프 빅토르 니콜라예비치)(?–1925)", 고려사람–한인에 대한 기사. 2014.4.28. http://koryo–saram.ru/kim–in–su–zolotarev–viktor–nikolaevich–1925/(검색일: 2018년 3월 1일).

12. КИМ ИНСУ (ЗОЛОТАРЁВ ВИКТОР НИКОЛАЕВИЧ)

(… – 1925)

Командир в Русско-японскую войну, полковник, генерал-майор Белой Армии, участник антияпонского сопротивления в Китае.
В 1904 г. командир королевской гвардии, послан королём Коджоном с секретной миссией в Россию. Командир кавалерийского отряда 1-го Нерчинского полка Забайкальского войска. В 1905-1908 гг. соратник Ли Бомъюна по организации антияпонского движения. В Первую мировую войну полковник, воевал в составе казачьей дивизии генерала Краснова. В 1918 г. генерал-майор Всевеликого войска Донского, участвовал в ряде боевых операций. В 1922 г. вместе с Белой армией ушёл в Маньчжурию. В 1924 г. участвовал в Гражданской войне в Китае в частях 1-й Русской смешанной бригаде армии маршала Чжан Цзолина. Убит в бою. Награждён Российской империей орденами Св. Анны 2-й и 3-й степени с мечами и бантом, Св. Станислава 2-й степени с мечами, Георгиевским оружием.

1. Хан В. В. Ким Ин Су(Золотарев Виктор Николаевич)(?~1925) // Корё Сарам — записки о корейцах. 2014. 28 авг. URL: http://koryo-saram.ru/kim-in-su-zolotarev-viktor-nikolaevich-1925/(дата обращения: 01.03.2018)..

13. 김명무

(1897~1938)

조선 및 러시아 민족해방운동에 참가.
조선 평안북도 강계군 의진동에서 태어났다. 17세 때 항일운동을 하였다는 이유로 사형을 선고받았다. 1914년 빨치산 부대와 함께 러시아로 옮겨 가서 적극적으로 무장투쟁을 벌였다. 빨치산 부대 지휘관이었다. 1938년 박해로 체포되어 총살되었다. 이후 완전히 복권되었다.
대한민국 '건국'훈장이 추서되었다.

1. 손자 고가이 B. E.의 2017년 5월 12일 자 서한(최 V. V. 개인 소장).

13. КИМ МЕНМУ

(1897 – 1938)

Участник национально-освободительного движения в Корее и России.
Родился в Корее в ЫЙ Дин До уезда Канге. За антияпонскую деятельность в возрасте 17 лет был приговорён к смертной казни. В 1914 г. вместе с партизанским отрядом перешёл в Россию, где продолжал активные боевые действия. Командир партизанского отряда. Репрессирован и расстрелян в 1938 г. Полностью реабилитирован.
Награждён Республикой Корея орденом «Основание государства».

1. Письмо внука Когай Б. Е. 12.05.2017 // Личный архив В. В. Цоя .

14. 김무경

(1889~?)

연해주 빨치산. 박경철 빨치산 부대와 한창걸 빨치산 부대의 일원으로 싸웠다.
조선 황해도 당동 마을의 빈농 가정에서 태어났다. 16세부터 머슴살이를 하였다. 1917년 러시아로 옮겨 가서 이만에서 고용 노동자로 일하였다. 1920년부터 박경철, 한창걸이 지휘하던 빨치산 부대에서 부지대장으로 활동하였다. 1923년 군대를 떠나 일상으로 복귀하였다. 1924~1928년 수찬 구역 니콜라옙카 마을에서 고용농으로 일하였다. 1929~1933년 연해주 수찬 구역(1935년부터 부됸놉스크) '우스페흐' 집단농장에서 일하였다.

1. 연해주국립문서보관소(GAPK), 문서번호: F. R-30. Op.1. D.14. LL. 63-64ob.

14. КИМ МУГЕН

(1889 – …)

Партизан Приморья. Сражался в партизанских отрядах Пак Генчера и Хан Чангера.
Родился в Корее, в д. Тандон в семье крестьянина-бедняка. С 16 лет батрачил. В 1917 г. перешёл в Россию. Работал по найму в г. Имане. С 1920 г. был помощником командира отделения в партизанских отрядах под командованием Пак Генчера и Хан Чангера. В 1923 г. вернулся к мирной жизни. В 1924-1928 гг. работал батраком в с. Николаевке Сучанского района,в 1929-1933 гг. — в колхозе «Успех»Сучанского (с 1935 г. — Буденновского) района Приморской области.

1. ГАПК. Ф. Р-30. Оп. 1. Д. 14. ЛЛ. 63-64об.

15. 김 나움 바실리예비치

(1886~1941)

1905년 러일전쟁 참가. 러시아제국군 하사관.

러시아의 1세대 한인 이민자 가정에서 태어났다. 러일전쟁에 동원되었다. 한국어, 러시아어, 일본어를 자유롭게 구사하였다. 러시아혁명이 일어나기 전까지 블라디보스토크와 우수리스크에서 상점을 운영하며 풍족하게 살았다. 1928년 아내와 다섯 명의 자녀와 함께 알마티로 이주하였다. 아크몰린스크에서 사망하였다.

1. 손녀 니 N. I.의 2016년 8월 24일 자 서한(최 V. V. 개인 소장).
2. 《러시아 포커스》, 2013.09.05.

15. КИМ НАУМ ВАСИЛЬЕВИЧ

(1886 – 1941)

Участвовал в Русско-японской войне 1905 г., унтер-офицер царской армии.

Родился в России в семье первых корейских переселенцев. Призван на фронт в Русско-японскую войну. Хорошо знал три языка — корейский, русский, японский. Жил в достатке, до революции владел магазинами во Владивостоке и Уссурийске. В 1928 г. вместе с женой и 5-ю детьми переехал в Алма-Ату. Умер в Акмолинске.

1. Письмо внучки Ни Н.И. 24.08.2016 // Личный архив В. В. Цоя .
2. Russia Focus. 2013. 09.05.

16. 김 니콜라이 안드레예비치(김청풍)

(1904~1976)

15세부터 연해주 빨치산 활동, 내전과 제2차 세계대전 참전.

연해주 시넬니코보 마을에서 태어났다. 서당에서 공부하였다. 15세부터 빨치산 활동을 하였다. 이후 "내가 직접 내전 중에 일본인들을 얼음 구덩이에 넣어 익사시켰다"고 회상하기도 하였다. 1925~1928년 모스크바 보병학교에서 수강하였다. 1929년 동중철도 군사 분쟁에 참전하였다. 1938년 프룬제 군사아카데미를 졸업하였다. 1939년 핀란드 백군과 싸웠다. 1939~1940년 정치적으로 탄압받았다. 이후 복권되어 러시아가 독일과 첫 전투를 하였던 그 시점부터 독일에 승전을 거둔 1945년 5월 8일까지, 제2차 세계대전 내내 전투에 참여하였다. 연대를 지휘하였다. 전후에는 행정직으로 근무하였다. 하바롭스크 변강 비킨에 묻혔다.

소련 적기무공훈장 4회, 적성훈장, 제1급 조국전쟁 훈장과 메달을 받았다.

1. 러시아연방 국방성 중앙문서보관소, 문서번호: No.1814134. 김 N. A.의 개인 정보.
2. CIS 한인 정보 포털 사이트 АРИРАН.РУ., 2010년 5월 9일. http//www. arirang.ru/news/2010/10011.htm(검색일: 2010년 5월 9일)

16. КИМ НИКОЛАЙ АНДРЕЕВИЧ (КИМ ЧОНПХУН)

(1904 – 1976)

Партизан Приморья с 15-ти лет, участник Гражданской и Великой Отечественной войн.

Родился в с. Синельникове Приморской области. Учился в сельской школе. В партизанах с 15-ти лет, вспоминал, как «сам в гражданскую топил японцев в проруби». В 1925-1928 гг. — курсант Московской пехотной школы. В 1929 г. — участник военного конфликта на КВЖД. В 1938 окончил Военную академию им. М. Фрунзе. В 1939 г. воевал с белофиннами. 1939-1940 гг. репрессирован. Восстановлен, прошёл всю Великую Отечественную войну с первых дней до Победы. Командовал полками. После войны работал на административных должностях. Похоронен в г. Бикине Хабаровского края.

Награждён СССР 4-мя орденами Боевого Красного Знамени, Красной Звезды, Отечественной войны 1-й степени, медалями.

1. ЦАМО РФ. Оп. №1814134. Личное дело Н. А. Кима.
2. Информационный портал корейцев СНГ АРИРАН.РУ 2010. 9 мая. http//www. arirang.ru/news/2010/10011.htm (обращения 09.05.2010).

17. 김박현 이노켄티 이바노비치

(1901~?)

17세부터 연해주에서 빨치산 활동, 직업 군인, 지휘관, 대대장, 연대장, 소좌.
연아무르 변강 연해주 크라베 마을에서 태어났다. 1918~1920년 이바노프 빨치산 부대 사병이었다. 1920~1921년 티르 전선과 사할린 특수부대 등에서 중대장, 대대장을 지냈다. 1921~1926년 이르쿠츠크 제1보병연대, 제9보병학교, 제1치타보병연대, 통합국제군사학교 등에서 복무하였다. 1929~1931년 프룬제 군사아카데미에서 수강하였다. 1932~1936년 적군 지휘관으로 근무하였다. 1937년 정치적으로 탄압받았으나 1939년 복권되었고 전역하였다. 1940년 크질오르다 사르다르야 군사동원국에서 재등록 심사를 통과하였다. 1957년 알마티 군사동원국에 등록되었다.

1. 러시아연방 국방성 중앙문서보관소, 김 I. I.의 등록 관리 카드.

17. КИМ ПАКХЁН ИННОКЕНТИЙ ИВАНОВИЧ

(1901 – …)

Партизан Приморья с 17-ти лет. Профессиональный военный, командир отряда, комбат, комполка. Майор.
Родился в с. Краббе Приморской области Приамурского края. 1918-1920 гг. — рядовой в партизанских отрядах Иванова, В 1920-1921 гг. — комроты, комбат на Тырском фронте, в Особом сахалинском отряде и др. В 1921-1926 гг. — на военной службе в 1-м Стрелковом полку г. Иркутска, 9-й Пехотной школе, 1-м Читинском стрелковом полку, Объединённой интернациональной военной школе. В 1929-1931 гг. — слушатель Военной академии им. М. Фрунзе. В 1932-1936 гг. занимает командные должности в Красной Армии. В 1937 г. репрессирован. В 1939 г. реабилитирован и уволен в запас. В 1940 г. прошёл переучёт в Сыр-Дарьинском военкомате г. Кзыл-Орде. В 1957 г. принят на учёт в Алма-Атинском горвоенкомате.

1. ЦАМО РФ. Учётно-послужная карта И. И. Кима.

18. 김 로만 니콜라예비치

(1899~1967)

가장 탁월한 소비에트 첩보원 중 한 명, 작가, 일본 전문가.
블라디보스토크의 제2계급 상인 김 니콜라이의 아들로 태어났다. 1910~1917년 일본에서 전문학교를 다녔다. 1918~1923년 블라디보스토크 동방학연구소에서 수학하며 항일 지하운동을 하였다. 1923~1936년 교사, 모스크바 동방학연구소 교수, 합동국가정치부 특임 직원이었다. 다양한 특수작전에 참가하였다. 국가안보총국의 상위였다. 1937년 체포되어 20년을 선고받았다. 수감 중에도 대외 첩보 활동을 하였다. 1945년 복역 도중 석방되었다. 1959년 완전히 복권되었다. 정치적으로 민감한 주제를 탐정소설 장르를 빌려 묘사한 책들을 집필하였다. 모스크바에서 사망하였다.
소련 적성훈장과 '대일승전' 메달을 받았다.

1. 쿨라노프 A. E. "로만 김", 『몰로다야 그바르디야』(모스크바, 2016).
2. 프로스베토프 I. V. "슈티를리츠의 '대부'", 『베체』(모스크바, 2015).

18. КИМ РОМАН НИКОЛАЕВИЧ

(1899 – 1967)

Один из лучших советских разведчиков, писатель, специалист по Японии.
Родился во Владивостоке в семье купца 2-й гильдии Николая Кима. В 1910-1917 гг. учился в колледже в Японии. В 1918-1923 гг. учился в Восточном институте (Владивосток) и занимался антияпонской подпольной деятельностью. В 1923-1936 гг. — преподаватель, профессор Московского института востоковедения и сотрудник по особым поручениям ОГПУ. Участвовал в ряде спецопераций. Старший лейтенант ГУГБ. В 1937 г. арестован и осуждён на 20 лет. Оставаясь заключённым, работал во внешней разведке. В 1945 г. освобождён из заключения. Полностью реабилитирован в 1959 г. Написал ряд остросюжетных книг в жанре политического детектива. Умер в Москве.
Награждён СССР орденом Красной Звезды и медалью «За победу над Японией».

1. Куланов А. Е., Роман Ким. Москва, «Молодая гвардия», 2016.
2. Просветов И. В., «Крёстный отец» Штирлица. Москва, Вече, 2015.

19. 김철수
(1893~1986)

3·1운동 참가. 한인 공산주의운동 및 민족해방운동의 탁월한 활동가 중 한 명.
조선의 전라북도에서 태어났다. 1912년 일본 도쿄의 와세다대학에 입학하였다. 1919년 3·1운동에 참가하였다. 1920년 비밀 단체 '사회혁명당'을 조직하였다. 1921년 고려공산당(상하이파) 설립자 중 한 명으로 고려공산당 중앙위원회 비서로 선출되었다. 1925년 조선공산당 중앙위원회 조직부 국장을 지냈으며, 1926년 조선공산당 책임비서가 되었다. 1928년 모스크바에서 활발히 활동하였다. 1930년 체포되었다. 1945년 조선공산당 당원이 되었다. 1946년 조선공산당을 탈당하여 사회노동당 창당에 참가하였다.

1. "1918–1941년 전소연방공산당(볼셰비키), 코민테른, 한국", 『러시아 정치 백과사전』(모스크바, 2007), 770쪽.
2. 박 B. D., 『1918~1925년 소연방, 코민테른, 한국 해방운동. 르포르타주, 문서, 자료』(모스크바: 러시아과학아카데미 동방학연구소, 2006), 241~245쪽.

19. КИМ ЧЕРСУ (КИМ ЧХОРСУ, КИМ ЧХОЛЬСУ)
(1893 – 1986)

Участник Первомартовского восстания. Один из виднейших деятелей корейского коммунистического и национально-освободительного движения.
Родился в провинции Северная Чолла в Корее. В 1912 г. поступил в университет Васэда (г. Токио, Япония). В 1919 г. участвовал в Перво мартовском восстании. В 1920 г. создал секретное общество «СахвеХёкльёндан» («Партию социальной революции»). В 1921 г. — один из организаторов Корейской коммунистической партии («шанхайская группа»), избран секретарём ЦКККП. В 1925 г. — начальник Орготдела ЦКККП. В 1926 г. — ответственный секретарь ККП. В 1928 г. активно работал в Москве. В 1930 г. арестован. В 1945 г. вступил в члены ККП. В 1946 г. вышел из ККП, участвовал в создании Социально-трудовой партии.

1. ВКП (б), Коминтерн и Корея 1918-1941 гг. Москва, Российская политическая энциклопедия (РОССПЭН), 2007. С. 770.
2. Пак Б. Д. СССР, Коминтерн и корейское освободительное движение 1918-1925. Очерки, документы, материалы. Москва, Институт востоковедения РАН, 2006. С. 241-245.

20. 이범윤
(1856~1940)

조선 민족해방운동의 뛰어난 활동가.
1902년 중국 간도 지역 북변간도관리사로 임명되었다. 러일전쟁이 발발하자 러시아 연해주 한인들을 모아 약 1000명으로 구성된 사포대(射砲隊)를 조직하였다. 사포대는 아니시모프 장군 휘하 부대로 편입되었다. 러일전쟁 후 약 700명의 병사들이 그와 함께 러시아로 옮겨 갔다. 러시아에서 그는 '의병'을 조직하였다. 그의 군대는 4000여 명에 이를 때도 있었다. '창의회', '성명회', '권업회' 등 여러 항일 단체를 만들고 이끌었다.
러시아제국 훈장을 받았다(사후에). 대한민국 '건국공로'훈장이 추서되었다.

1. 박 B. D., 『러시아 제국의 한인』(모스크바, 1993), 10, 165, 167, 172, 174쪽.
2. 박 B. D., 『1905–1919년의 조선 독립을 위한 러시아 한인의 투쟁』(모스크바: 러시아과학아카데미 동방학연구소, 2009), 12, 24, 32~35, 51~53, 56, 64쪽.

20. ЛИ БОМЪЮН
(1856 – 1940)

Выдающийся деятель корейского национально-освободительного движения.
В 1902 г. назначен губернатором района Кандо (Китай). С началом Русско-японской войны создаёт Корейскую вольную дружину численностью около тысячи человек, в которую входят корейцы Российского Приморья. Дружина входила в составотряда генерала Анисимова. После войны 700 бойцов вместе с ним перешла в Россию. Здесь он создавал отряды знаменитой армии «Ыйбён». Его армия достигала, порой, 4000 бойцов. Был создателемируководителем ряда антияпонских объединений — «Чаныхве», «Сонмёнхве», «Квонопхве», др.
Имеет награды Российской империи. Награждён орденом Республикой Корея «За заслуги в строительстве государства» (посмертно).

1. Пак Б. Д. Корейцы в Российской империи. Москва, 1993. С. 10, 165, 167, 172, 174 и др.
2. Пак Б. Д. Борьба российских корейцев за независимость Кореи 1905~1919. Москва, Институт востоковедения РАН. 2009. С. 12, 24, 32-35, 51-53, 56, 64 и др.

21. 리 비탈리 미하일로비치
(1923~2000)

1945년 상위 계급으로 일제로부터의 조선 해방운동에 참가.
니콜스크우수리스크에서 태어났다. 1937년 부모와 함께 우즈베키스탄 아리스역(驛)으로 강제이주 되었다. 학교를 마치고 사마르칸트 기술학교에 입학·졸업하였으며, 사마르칸트 사범대학에서 2학년을 수학하였다. 1943년 적군에 징집되었다. 1945년 우수리스크로 파견되어 극동전선 제25군 소속으로 조선 해방에 참가하였다. 당시 상위였다. 1948년부터 1955년까지 북한 안보 기관에서 근무하였다. 이후 대좌, 소장으로 진급하였다. 1955년부터 소련 크라스노다르 변강에서 지도 사업을 하였다. 북러친선협회 부회장을 지냈다. 모스크바에서 사망하였다.

1. 가리풀리나 N., "군인이여, 안녕", ≪코레이스카야 디아스포라≫, 13(2000).

21. ЛИ ВИТАЛИЙ МИХАЙЛОВИЧ
(1923 – 2000)

Участник освобождения Кореи от японских захватчиков в 1945 г. в звании старшего лейтенанта.
Родился в Никольске-Уссурийском. В 1937 г. вместе с родителями депортирован в Узбекистан на ст. Арысь. Окончил школу, Самаркандский техникум, проучился 2 курса в Самаркандском пединституте. В 1943 г. призван в ряды Красной Армии. В 1945 г. направлен в Уссурийск, принимал участие в освобождении Кореи в составе 25-й армии Дальневосточного фронта. Старший лейтенант. С 1948 по 1955 гг. работал в органах безопасности КНДР. Полковник, генерал-майор. С 1955 г. в СССР на руководящей работе в Краснодарском крае. Вице-президент Российского общества дружбы с КНДР. Скончался в Москве.

1. Гарифуллина Н. Прощай, солдат // Корейская диаспора. 2000. №13.

22. 이용
(1888~1952)

만주와 러시아 연해주 지역 '의병' 운동의 조직자. 이준 열사의 아들.
조선에서 태어났다. 일제가 조선을 강점하자 중국으로 망명하여 우한 군사학교에서 수학하였다. 만주에서 '군비단'에 가입하였다. 한인 빨치산 부대를 조직한다. 1921년 약 300명의 병사들로 구성된 부대를 이끌고 극동에 도착하였다. 이만 빨치산 부대의 지휘관이었다. 그가 지휘하는 부대는 뱌젬스크, 하바롭스크, 인, 올가, 볼로차옙카 전투에 참가하였다. 러시아에서 내전이 종결되자 만주와 조선 등지에서 일본 식민주의자들에 맞서 계속 싸웠다. 조선 해방 이후 북한의 여러 고위직을 역임하였다.

1. 김승화, 『소비에트 한인사 르포르타주』(알마티: 나우카, 1965), 127쪽.
2. 박 B. D., 『1905~1919년의 조선 독립을 위한 러시아 한인의 투쟁』(모스크바: 러시아과학아카데미 동방학연구소, 2009), 48쪽.

22. ЛИ ЕН (ЛИ ИНЕН, И ЕНГ)
(1888 – 1952)

Один из организаторов движения «Ыйбён» в Маньчжурии и Российском Приморье. Сын Ли Джуна.
Родился в Корее. После захвата Родины колонизаторами эмигрировал в Китай, учился в военной школе в Ухане. В Маньчжурии вступает в «Кунбитан» («Общество военной подготовки»). Создаёт корейские партизанские отряды. В 1921 г. во главе отряда из 300 бойцов прибыл на Дальний Восток. Командир Иманского партизанского отряда. Под его командованием отряд участвовал в Вяземской, Хабаровской, Инской, Ольгинской и Волочаевской операциях. По окончании гражданской войны в России продолжал борьбу с японскими колонизаторами в Маньчжурии и Корее. После освобождения Кореи занимал ряд высоких постов в КНДР.

1. Ким Сын Хва. Очерки по истории советских корейцев. Алма-Ата, «Наука», 1965. С. 127.
2. Пак Б. Д. Борьба российских корейцев за независимость Кореи. 1908-1919. ИВ РАН. Москва, 2009. С. 48

23. 이영호
(1896~1938)

1915년부터 항일 저항운동에 참가, 솔밭관 빨치산 부대 군사정치위원.
조선에서 태어났다. 조선의 공립 소학교와 중학교, 그리고 일본에서 고등법학 과정을 마쳤다. 1915년부터 빨치산 활동을 하였다. 1919~1920년 한인 정치조직 '철혈단'의 단원이었다. 1920년 솔밭관 빨치산 부대를 조직하였고 군사정치위원이 되었다. 고려공산당 이르쿠츠크파에 가담하여 극동의 당 및 소비에트 기관들에서 지도적 위치에 올랐다. 1936년 출당되어 코스타나이로 추방되었다. 1938년 체포되어 총살되었다. 1973년 완전히 복권되었다.
대한민국 '건국'훈장이 추서되었다.

1. 러시아국립사회정치사문서보관소, 2016년 3월 30일 자, No.10001-3/1329 서한.
2. 손녀 리 I.의 2016년 4월 15일 자 서한(최 V. V. 개인 소장).

23. ЛИ ЕНХО
(1896 – 1938)

Участник антияпонского сопротивления с 1915 г., комиссар Солбакванского партизанского отряда.
Родился в Корее. Окончил Корейское городское училище, Корейскую гимназию, Японские высшие юридические курсы. Партизан с 1915 г. В 1919-1920 гг. — член Корейской политической организации «Чел-хел-чуан-пак». В 1920 г. создал Солбакванский партизанский отряд, комиссар. Входил в Иркутскую группу корейских коммунистов, занимал руководящие посты в партийно-советских органах Дальнего Востока. В 1936 г. исключён из партии и сослан в Кустанай. В 1938 г. арестован и расстрелян. Полностью реабилитирован в 1973 г.
Награждён Республикой Корея орденом «За заслуги в строительстве государства».

1. Письмо РГАСПИ №10001-3/1329 от 30.03.2016.
2. Письмо от внука Ли И. от 15.04.2016 // Личный архив В. В. Цоя .

24. 이영선

(1904~?)

연해주 빨치산.

러시아혁명 전까지 연해주 유즈노 우수리스크 자피거우 마을과 푸칠롭카 마을에서 고용농으로 일하였다. 1921년 5월에서 11월까지 수이푼 한인 빨치산 부대와 '혈성단'에서 활동하였다. 내전 시 극동공화국 인민혁명군 소속 적군 병사였다. 1930년대에 연해주 수찬 구역 파블롭스크 농촌소비에트 의장으로 복무하였다. 1927년 5월 러시아공산당(볼셰비키)에 가입하여 당원이 되었다.

1. 연해주국립문서보관소(GAPK), 문서번호: F. R-30. Op. 1. D. 15. LL. 72-73.

24. ЛИ ЕНШЕН

(1904 – …)

Партизан Приморья.

До революции батрак в д. Чапигоу, д. Пуциловке Южно-Уссурийского уезда Приморской области. С мая по ноябрь 1921 г. — в корейских партизанских отрядах Суйфунском, «Хоршендон». До конца Гражданской войны был рядовым красно-армейцем в Народно-революционной армии Дальневосточной Республики. В 1930-е гг. работал председателем Павловского сельсовета Сучанского района Приморской области. Член ВКП(б) с мая 1927 г.

1. ГАПК. Ф. Р-30. Оп. 1. Д. 15. ЛЛ. 72-73.

25. 이백초
(1895~1934)

3·1운동 참가, 조선 노동운동 조직자 중 한 명.
조선의 빈농 가정에서 태어났다. 중등학교를 졸업하고 일본으로 떠나 일하면서 독학으로 공부하였으며, 철학 과정을 청강하기도 하였다. 조선으로 돌아온 후 평안도에서 노동자연맹을 조직하였다. 1919년 3·1운동 당시 봉기를 주도한 인물 중 한 명이었다. 일본 헌병의 추격을 받다 소비에트러시아로 이주하였다. 1922년 이르쿠츠크의 제5군 군사정치학교 생도였다. 공산당 연아무르 주위원회에서 활동하였다. 1923년 신문 ≪선봉≫의 주필이었으며, 1930~1933년에는 극동국립출판소, 극동당출판소 편집장을 지냈다.

1. ≪티호오케안스카야 즈베즈다≫, 1934.7.22, "이백초(추도 기사)".

25. ЛИ ПЯКЧО
(1895 – 1934)

Участник Первомартовского восстания, один из организаторов рабочего движения в Корее. Родился в Корее в семье бедного крестьянина. После окончания средней школы уехал в Японию, работал, занимался самообразованием, посещал философские курсы. После возвращения в Корею выступил организатором рабочих союзов в провинции ПуэнЯнь. В 1919 г. являлся одним из организаторов Первомартовского восстания. Преследуемый японской жандармерией, эмигрировал в Советскую Россию. В 1922 г. — курсант Военно-политической школы при 5-й армии в Иркутске. Работал в Приамурском обкомепартии. В 1923 г. — ответственный редактор газеты «Авангард». В 1930-1933 гг. редактор Дальгиза, Дальпартиздата.

1. Ли Пякчо (некролог) //Тихоокеанская звезда.1934. 22 июля.

26. 이상춘

(1902~?)

연해주 빨치산. 한창걸 빨치산 부대에서 싸웠다.
연해주 유즈노 우수리스크 니콜라옙카 마을에서 태어났다. 1911~1915년 서당에서 수학하였다. 1921~1922년 올긴스크에서 한창걸 빨치산 부대 소속으로 백군에 맞서 싸웠다. 1925~1930년 벼농사를 지었다. 1930년 연해주 노비츠코예 농촌소비에트 프랴마야 파지 마을에서 일하였다.

1. 연해주국립문서보관소(GAPK), 문서번호: F. R-30. Op. 1. D. 16. LL. 50-53ob.

26. ЛИ САНЧУН

(1902 – …)

Партизан Приморья. Сражался в партизанском отряде Хан Чангера.
Родился в с. Николаевка Южно-Уссурийского уезда Приамурского края. В 1911-1915 гг. учился в сельской школе. В 1921-1922 гг. сражался в Ольгинском уезде против белогвардейских частей в партизанском отряде Хан Чангера. В 1925-1930 гг. занимался рисоводством. В 1930-егг. работал в д. Прямая Падь Новицкого сельсовета Приморской области.

1. ГАПК. Ф. Р-30. Оп. 1. Д. 16. ЛЛ. 50-53об.

27. 이하룡
(1886~?)

연해주 빨치산.

1919년 항일운동에 참가하였다. 박 일리야가 지휘하던 사할린 한인 빨치산 부대원이었다. 반혁명 세력인 카펠 부대와 싸운 이만 전투에 참가하였으며, 니콜라옙스크나아무레에서 일본군과 싸웠던 전투에도 참여하였다. 왼손에 부상을 입었다. 1922년 제대하였다. 1930년대에 연해주 수찬 구역 노보루드냐 마을 소재 금광에서 일하였다.

1. 연해주국립문서보관소(GAPK). 문서번호: F. R-30. Op. 1. D. 15. LL. 47-48.

27. ЛИ ХАРЁН
(1886 – …)

Партизан Приморья.

В антияпонском движении с 1919 г. Рядовой Сахалинского корейского партизанского отряда под командованием Ильи Пака. Принимал участие в Иманском сражении против каппелевских отрядов, а так же в боях против японских войск под г. Николаевском. Получил ранение левой руки. Демобилизован в 1922 г. В 1930-е гг. работал на золотых приисках в д. Ново-Рудня Сучанского района Приморской области.

1. ГАПК. Ф. Р-30. Оп. 1. Д. 15. ЛЛ. 47-48.

28. 이호구

(1891~1970)

3·1운동 참가, 빨치산 부대와 러시아 적군의 소대장.
조선의 빈농 가정에서 태어났다. 서당에서 수학하였다. 1919년 3·1운동에 참가하였다. 이만, 자유시 일대에서 빨치산 소대장으로 항전하였다. 1923~1925년 오룔 군사과정, 레닌그라드 군사학교 생도였으며, 그 후 중국 국민혁명군에 파견되었다. 중국 난창 봉기에 참가하였다. 1929년 중국 동중철도 사건 당시 76연대 소대장이었다. 1933~1936년 동방노력자공산대학 학생이었다. 1937년 박해를 받아 우즈베키스탄으로 추방되었다. 1945년 북한으로 파견되어 군 고위직을 맡았다. 조선인민군 소장을 지냈다. 1961년 소련으로 귀환하여 딸과 함께 살았다. 모스크바 근교 발라시하에 묻혔다.
북한 훈장과 메달을 받았다.

1. 하바롭스크주 국립문서보관소, 문서번호: F. P–2. Op. 10. D. 54.
2. 러시아국립사회정치사문서보관소, 2016년 6월 1일 자, No.1885–д/2445 서한(최 V. V. 개인 소장).
3. 딸 리 S.의 2017년 10월 17일 자 서한(최 V. V. 개인 소장).

28. ЛИ ХОГУ

(1891 – 1970)

Участник Первомартовского восстания, командир взвода в партизанских отрядах и Красной Армии.
Родился в Корее, в семье бедного крестьянина. Учился в сельской школе. В 1919 г. принял участие в Первомартовском восстании. Партизан, командир взвода, сражался под Иманом, Свободном и др. В 1923-1925 гг. — курсант военкурсов в Орле, военшколы в Ленинграде. Направлен в Национально-революционную армию Китая. Участник Наньчанского восстания. В 1929 г. - комвзвода 76 полка в событиях на КВЖД. 1933-1936 гг. — студент КУТВ им. Сталина. В 1937 г. репрессирован, выслан в Узбекистан. В 1945 г. направлен в КНДР, занимал высокие армейские должности. Генерал-майор Корейской народной армии. В 1961 г. вернулся в СССР, жил с дочерью. Похоронен в г. Балашихе в Подмосковье.
Награждён КНДР орденами и медалями.

1. ГАХК. Ф. П-2. Оп. 10. Д. 54.
2. РГАСПИ, письмо №1885-д/2445 от01.06.2016. Архив В. Цоя
3. Письмо дочери Ли С. Х.от 17.10 2017. Архив В. В. Цоя.

29. 임태영

(1891~?)

조선 및 러시아 항일 저항운동 참가. 오하묵, 박 일리야의 지휘 아래 전투 참가.
조선 평안도의 빈농 가정에서 태어났다. 고등학교를 졸업하고 1909~1910년 '의병' 활동을 하였다. 1914년 러시아로 옮겨 가서 크로우놉카 마을에서 고용농으로 일하였다. 1915~1919년 우수리스크 철도 건설 현장에서 일하였다. 1919~1921년 오하묵, 박 일리야의 빨치산 부대원이었다. 1921~1923년 이르쿠츠크의 제5군 소속 부대원이었다. 1922년 가을 레닌그라드 국제군사학교로 파견되었다. 1925~1930년 연해주 파타시 마을에서 교편을 잡았다. 1931~1932년 하바롭스크 공산대학에서 수학하였다. 1933년부터 국무와 당무에 종사하였다. 1924년 러시아공산당(볼셰비키) 당원이 되었다.

1. 연해주국립문서보관소(GAPK), 문서번호: F. R-30. Op. 1. D. 16. LL. 9-15ob.

29. ЛИМ ТХЯЕН (ТАЙЕН)

(1891 – …)

Участник антияпонского сопротивления в Корее и России. Сражался под командованием О Хамука, Ильи Пака.
Родился в Корее, в провинции Пхёнандо в семье крестьянина-бедняка. Окончил высшую начальную школу. В 1909-1910 гг. — партизан «Ыйбен». В 1914 г. перешёл в Россию, батрак в д. Кроуновка. В 1915-1919 гг. работал на строительстве Уссурийской железной дороги. В 1919-1921 гг. — в партизанских отрядах О Хамука, Ильи Пака. В 1921-1923 гг. — в рядах 5-й Армии в Иркутске. Осенью 1922 г. направлен в Ленинградскую военную интернациональную школу. В 1925-1930 гг. работал учителем в с. Фаташи Приморской области. В 1931-1932 гг. обучался в комвузе в Хабаровске. С 1933 г. на государственной и партийной службе. Член РКП(б) с 1924 г.

1. ГАПК. Ф. Р-30. Оп. 1. Д. 16. ЛЛ. 9-15об.

30. 박애
(1896~?)

러시아 극동의 한인 공산주의 운동의 탁월한 활동가.
1917년 러시아공산당(볼셰비키) 당원이 되었다. 1919년 하바롭스크 극동인민위원소비에트 외무위원부 부원이었다. 1918년 5월 '한인사회당' 창설에 참여하였다. 1920년 12월 러시아공산당(볼셰비키) 중앙위원회 원동뷰로 고려부를 이끌었다. 내전 이후 조선 문제에 대한 러시아공산당(볼셰비키) 연해주위원회 전권위원이었다. 1924~1925년 조선공산당대회준비회 전권위원이었다. 1930년 코민테른 집행위원회 동양비서부 조선위원회 위원이었다.

1. "1918~1941년 전소연방공산당(볼셰비키), 코민테른, 한국", 『러시아 정치 백과사전』(모스크바, 2007), 770쪽.

30. ПАК АЙ
(1896 – …)

Видный деятель корейского коммунистического движения на Дальнем Востоке России.
Член ВКП(б) с 1917 г. В 1919 г. — член Комиссариата по иностранным делам Дальневосточного Совета народных комиссаров в Хабаровске. В мае 1918 г. участвовал в учреждении «Союза корейских социалистов». В декабре 1920 г. руководил корейской секцией Дальбюро ЦКРКП(б). После Гражданской войны — уполномоченный Приморского губкома РКП(б) по корейскому вопросу. В 1924-1925 гг. — уполномоченный Оргбюро по созыву съезда ККП. В 1930 г. — член корейской комиссии Восточного секретариата ИККИ.

1. ВКП(б), Коминтерн и Корея 1918-1941 гг. Москва, Российская политическая энциклопедия (РОССПЭН), 2007. С. 770.

31. 박 바실리(박용길)

(1893~?)

연해주 빨치산. 일류호바, 한창걸 빨치산 부대에서 싸웠다.
연아무르 변강 유즈노 우수리스크 니콜라옙카 마을의 빈농 가정에서 태어났다. 1919년 2월부터 N. K. 일류호바 빨치산 부대원이었으며, 그 후에는 한창걸 한인 빨치산 부대원이었다. 올긴스크의 프롤롭카, 카잔카, 노비츠코예 마을 등지에 주둔하고 있던 백군 및 일본군에 맞서 싸운 전투에 참가하였다.
1930년대에 연해주 수찬 구역 니콜라옙카 마을 '크레포스티' 집단농장에서 일했다.

1. 연해주국립문서보관소(GAPK), 문서번호: F. R-30. Op. 1. D. 18. LL. 38-39ob.

31. ПАК ВАСИЛИЙ (ПАК ЁНГИР)

(1893 – …)

Партизан Приморья. Сражался в партизанских отрядах Н. К. Ильюхова, Хан Чангера.
Родился в с. Николаевка Южно-Уссурийского уезда Приамурского края в семье крестьянина-бедняка. С февраля 1919 г. служил рядовым в партизанском отряде Н. К. Ильюхова, затем - в корейском партизанском отряде Хан Чангера. Принимал участие в боях против японских войск и белогвардейцев у д. Фроловка, д. Казанка, д. Новицкий Ольгинского уезда.
В 1930-е гг. работал в колхозе «Крепость» в с. Николаевка Сучанского района Приморской области.

1. ГАПК. Ф. Р-30. Оп. 1. Д. 18. ЛЛ. 38-39об.

32. 박인국(알렉세이)

(1900~1960)

빨치산, 적군원. 조선·중국·러시아 등지에서 싸웠다.
조선 Chung-San (Чун-Сян)에서 태어났다. 유년 시절부터 항일 저항운동에 참가하였다. 3·1운동 이후 중국으로 이주하였다. 1920년 He-Vicha (Хэ-Виця) 부대에서 싸웠다. 1921년 이 부대는 전투를 하면서 러시아 자유시로 들어간다. '아무르 사건' 이후인 1921년 여름 이르쿠츠크로 파견되어 한인 연대에 소속되었다. 1922년 우르칸 광산 노동전선에 파견되었다. 1923년 적군에서 동원 해제되었다.
자바이칼리의 집단농장, '인테르나치오날' 협동조합, 수리 공장, 군 병원 등에서 일하였다. 치타에 안장되었다.

1. 치타 박물관 자료를 동봉한, 손녀 박 안나의 2018년 11~12월 서한(최 V. V. 개인 소장).

32. ПАК ИНКУК (АЛЕКСЕЙ)

(1900 – 1960)

Партизан, красноармеец. Сражался в Корее, Китае, России.
Родился в Корее, Чун-Сян. В антияпонском сопротивлении с юношеских лет. После первомартовских событий уходит в Китай. В 1920 г. сражается в отряде Хэ-Виця. В 1921 г. с боями отряд пробивается в Россию, в г. Свободный. После “Амурского инцидента”, летом 1921 г. направлен в г. Иркутск в состав Корейского полка. В 1922 г. направлен на Трудовой фронт на Урканские прииски. Демобилизован из Красной Армии в 1923 г.
Работал в Забайкалье в колхозе, артели “Интернационал”, на Ремонтном заводе, военном госпитале. Похоронен в г. Чите.

1. Письмо от внучки Пак Анны с документами из Музея г. Читы, ноябрь-декабрь 2018 г. Архив В. Цоя.

33. 박영준

(1903~?)

연해주 빨치산. 한창걸 빨치산 부대에서 싸웠다.
1922년 1월부터 12월까지 한창걸 빨치산 부대원으로 있었다. 올가만(灣), 아누치노 전투에 참가하였다. 1930년대에 연해주 수찬 구역 니콜라옙카 마을 '크레포스티' 집단농장에서 일했다. 1928년 이후 전연방공산당(볼셰비키) 당원이었다.

1. 연해주국립문서보관소(GAPK), 문서번호: F. R-30. Op. 1. D. 18. LL. 23-23ob.

33. ПАК ЕНДЮН

(1903 – …)

Партизан Приморья. Сражался в партизанском отряде Хан Чангера.
В партизанском отряде Хан Чангера с января по декабрь 1922 г. Участвовал в боях за бухту Ольга, Анучино. В 1930-е гг. работал в колхозе «Крепость»в с. Николаевка Сучанского района Приморской области. Член ВКП(б) с 1928 г.

1. ГАПК. Ф. Р-30. Оп. 1. Д. 18. ЛЛ. 23-23об.

34. 박경환

(1900~?)

만주와 러시아에서 항일운동 참가. 홍범도, 박 일리야의 빨치산 부대에서 싸웠다.

조선 평양에서 태어났다. 1919년 만주에서 홍범도의 빨치산 부대원으로 일본군과 싸운 여러 전투에 참가하였다. 1920년 러시아로 이주하였다. 1920~1921년 박 일리야가 지휘하던 빨치산 부대에서 싸웠다. 1921~1922년 이르쿠츠크에서 적군 대원으로 복무하였다. 1930년대에 하바롭스크에서 일하였고, 고등공산주의농업학교에서 공부하였다. 1926년 이후 전연방공산당(볼셰비키) 당원이었다. 1967년 두샨베에서 거주하였다. 소련 '참전공훈' 메달을 받았다.

1. 연해주국립문서보관소(GAPK), 문서번호: F. R-30. Op. 1. D. 19. LL. 83-83ob.

34. ПАК КЕНХВАН

(1900 – …)

Участник антияпонского сопротивления в Маньчжурии и в России. Сражался в партизанских отрядах Хон Бомдо, Ильи Пака.

Родился в Корее, в г. Пхеньяне. В 1919 г. принимал участие в боевых действиях против японских войск в составе партизанского отряда Хон Бомдо на территории Маньчжурии. В 1920 г. переехал в Россию. В 1920-1921 гг. сражался в партизанском отрядепод командованием Ильи Пака. В 1921-1922 гг. — на службе в Красной Армии в г. Иркутске. В 1930-е гг. работал в Хабаровске, учился в Высшей коммунистической сельскохозяйственной школе(ДВКСХШ). Член ВКП(б) с 1926 г. В 1967 г. проживал в г. Душанбе. Награжден СССР медалью «За боевые заслуги».

1. ГАПК. Ф. Р-30. Оп. 1. Д. 19. ЛЛ. 83-83об.

35. 박헌영

(1901~1956)

3·1운동 참가. 조선 공산주의운동의 조직자이자 뛰어난 활동가 중 한 명.
1901년 조선의 농민 가정에서 태어났다. 1919년 중학교를 졸업하였다. 3·1운동 이후 상하이로 망명하였다. 1921년 고려공산청년동맹을 조직하는 데 결정적인 역할을 했으며, 이후 동맹의 책임비서로 선출되었다. 1921년부터 고려공산당 당원이었다. 1922~1924년 체포되어 평양 감옥에 수감되었다. 1925년 또다시 체포되었다. 1928년부터 모스크바에 거주하였다. 1930년까지 모스크바에서 공부하며 코민테른 집행위원회 동양부에서 일하였다. 1932년 지하 운동을 위해 상하이로 파견되었다. 1933년 체포되어 수감되었다. 1945년 조선공산당 중앙위원회 위원장으로 선출되었다. 1947년 1월 남조선노동당 부위원장으로 선출되었다. 북한으로 도피하였다. 1956년 4월 체포되어 처형되었다.

1. 딸 박 V.의 2012년 12월 16일 자 서한(최 V. V. 개인 소장).
2. 서재숙, 『1918~1948년 한인 공산주의 운동』(모스크바: 로키스, 2002), 239~324쪽.

35. ПАК ХОНЁН (ПАК ХОНЁН, ПАК ХЕНЁН)

(1901 – 1956)

Участник Первомартовского восстания. Один из организаторов и крупнейших деятелей корейского коммунистического движения.
Родился в 1901 г. в Корее в крестьянской семье. В 1919 г. закончил среднюю школу. После Первомартовского восстания эмигрировал в Шанхай. В 1921 г. стал одним из организаторов Союза коммунистической молодёжи Кореи, был избран секретарём Союза. С 1921 г. — член Коммунистической партии Кореи. В 1922-1924 гг. арестован, содержался в тюрьме в Пхеньяне. В 1925 г. снова арестован. С 1928 г. в Москве. До 1930 г. учился и работал в Восточном секретариате ИККИ. В 1932 г. был направлен в Шанхай на подпольную работу. В 1933 г. арестован и заточен в тюрьму. В 1945 г. избран председателем ЦК КПК. В январе 1947 г. избран вице-председателем Южнокорейской трудовой партии. Эмигрировал на север. В апреле 1956 г. арестован и казнён.

1. Письмо дочери В. Пак от 16.12.2012 // Личный архив В. В. Цоя.
2. Ше Де Сук. Корейское коммунистическое движение 1918-1948 гг. Москва, Локис, 2002. С. 239-324.

36. 조훈

(1897~1938)

직업 혁명가, 만주와 러시아의 항일운동 조직자.

조선 전라북도 출신이다. 승려의 아들이다. 1915~1916년 이동휘가 이끌던 만주의 무관학교에서 수학하였다. '광복단' 설립자 중 한 명이다. '우랄한인사회주의자회' 창립에 참여하였다. 이르쿠츠크에서 이동휘, 남만춘과 공동으로 한인중대를 조직하였다. 1920년부터 국제공산주의청년동맹에서 한인 청년 공산주의자들을 대표하였다. 1920년 7월 시베리아 고려공산단체 대표자대회에 참가하였다. 코민테른 제3차 대회 대표단이었다. 1923년부터 코르뷰로 부원이었다. 1928년까지 국제공산주의청년부서에서 일하였다. 1938년 1월 8일 총살되었다. 1958년 5월 28일 복권되었다.

1. 손자 조 V. V.의 2016년 11월 9일 자 서한(최 V. V. 개인 소장).

36. ЧО ХУН (ТЁ ХУН)

(1897 – 1938)

Профессиональный революционер, организатор антияпонского сопротивления в Маньчжурии, России.

Уроженец провинции Северная Чолла (Корея). Сын священника. В 1915-1916 гг. учился в военной школе в Маньчжурии под руководством Ли Донхви. Один из организаторов «Партии освобождения Кореи» («Кван-бок-дан»). Участвовал в создании «Уральского корейского социалистического общества». В Иркутске совместно с Ли Донхви и Нам Манчхуном был организатором корейской роты. С 1920 г. представлял молодых корейских коммунистов в Коммунистическом интернационале молодежи. В июле 1920 г. участвовал в съезде коммунистических организаций Сибири. Делегат III-го конгресса Коминтерна. С 1923 г.— член Корбюро. До 1928 года работал в аппарате КИМ. Расстрелян 8 января 1938 года. Реабилитирован 28 мая 1958 года.

1. Письмо внука Тё В. В. от 9 ноября 2016 г. // Личный архив В. В. Цоя.

37. 전일

(1882~1938)

조선과 러시아에서 항일 저항운동에 참가.
조선 함경북도 길주 상하동, 양반지주 가정에서 태어났다. 1917~1920년 러시아에 거주하였다. 1920년 일본군 병사들을 선동하였다는 이유로 체포되어 조선으로 보내졌다. 감옥에서 7년을 보냈다. 1929년 또다시 체포되어 5년 동안 수감되었다. 1936년 러시아로 돌아갔다. 하바롭스크 인쇄소에서 일하였다. 1937년 3월 러시아 '형법' 58조 2항에 따라 유죄판결을 받고 총살되었다. 1957년 완전히 복권되었다.

1. 손녀 신 이스크라의 2016년 10월 11일 자 서한(최 V. V. 개인 소장).

37. ТЕН ИР

(1882 – 1938)

Участник антияпонского сопротивления в Корее и в России.
Родился в Корее в с. Шанхадон провинции Северный Хамген в дворянско-помещичьей семье. В 1917-1920 гг. проживал в России. В 1920 г. за агитацию среди японских солдат арестован и выслан в Корею. Отсидел в тюрьме 7 лет. В 1929 г. вновь арестован и заключён на 5 лет. Вернулся в Россию в 1936 г. Работал в типографии в Хабаровске. В марте 1937 г. предъявлено обвинение по ст. 58-11 УК РСФСР. 11 мая 1938 г. расстрелян. Полностью реабилитирован в 1957 г.

1. Письмо внучки Шин Искры от 11 октября 2016 г. // Личный архив В. В.

38. 장도정
(1896~?)

조선과 러시아에서 항일운동에 참가.

조선 영흥군 정자리에서 태어났다. 1919년부터 항일운동을 벌였다. 출판업에 종사하면서 일본군 부대에 반일 서적을 보급하였다. 라즈돌노예, 시코토보, 이만에서 빨치산 부대를 조직하였다. 한인사회당 '일세당'의 대표였다. 1920년 이후 러시아공산당(볼셰비키) 당원이 되었다. 1921년 연해주와 만주에서 전한의 병대의회를 소집하기 위해 노력했다. 1923년 만주에서 빨치산 부대 '적기단'을 조직하였다. 1935년 전연방공산당(볼셰비키) 연해주 부돈놉스크 구위원회 비서로 일하였다. 1935년 11월 내무인민위원부에 체포되었다. 1955년 10월 복권되었다.

1. 연해주국립문서보관소(GAPK), 문서번호: F. R-30. Op. 1. D. 21. LL. 63-64ob.
2. S. N. 구-제가이, 『1934-1938년 소련 정치 탄압의 한인 희생자들』 3. 이형근 옮김(툴라, 2004), 211쪽.

38. ТЯН ДОДЕН
(1896 – …)

Участник антияпонского сопротивления в Корее и в России.

Родился в Корее, д. Чендзали, уезда Хин-Сун. В антияпонском движении с 1919 г., занимался изданием и распространением антияпонской литературы в японских частях. Организатор партизанских отрядов в Раздольном, Шкотове, Имане и др. Председатель Корейской социалистической партии «Ирседянг». Член РКП(б) с 1920 г. В 1921 г. участвовал в созыве Всекорейского съезда партизан Приморья и Маньчжурии. В 1923 г. организовал в Маньчжурии партизанский отряд «Дек-ки». В 1935 г. работал секретарем Буденновского райкома ВКП(б) Приморской области. В ноябре 1935 г. арестован органами НКВД. В октябре 1955 г. реабилитирован.

1. ГАПК. Ф. Р-30. Оп. 1. Д. 21. ЛЛ. 63-64об.
2. Корейцы жертвы политических репрессий в СССР 1934-1938 гг. / Сост. С. Ку-Дегай, Ли Хен Кын. Тула, 2004. Кн. 3. С. 211.

39. 장학용
(1883~1964)

3·1운동 참가, 홍범도와 민긍호의 전우.
조선 강원도 고성에서 태어났다. 유년시절 조선 황실시위대에서 나팔수로 일하였다. 거기서 민긍호와 알게 되어 그의 부대에 들어갔고 여러 항일 투쟁에 참가하였다. 민긍호의 죽음을 가까이서 지켜보았다. 1919년 3·1운동에 참가한 후 일본 헌병대에 체포되어 투옥된 후 고문을 받았다. 탈옥에 성공한 후 러시아로 도주했으며, 홍범도의 빨치산 부대에 들어가 싸웠다. 말년에는 사할린에 거주하였으며 한인학교 경비로 일하였다.

1. 아들과 손녀의 2016년 1월 9일, 2월 3일 자 서한(최 V. V. 개인 소장).

39. ТЯН ХАКНЁН
(1883 – 1964)

Участник Первомартовского восстания, соратник Хон Бомдо и Мин Гынхо.
Родился в Корее, в Гавандо-Госон. В юности служил горнистомв Корейской королевской гвардии. Там сблизился с Мин Гынхо, поступил в его отряд, участвовал в ряде антияпонских выступлений. Был свидетелем гибели Мингын Хо. После участия в Первомартовском восстании 1919 года схвачен японской жандармерией, брошен в тюрьму, подвергался пыткам. После удачного побега из тюрьмы перешёл в Россию, сражался в партизанском отряде Хон Бомдо. Последние годы проживал на Сахалине, работал сторожем в корейской школе.

1. Письма от сына и внучки 09.01-03.02.2016 // Личный архив В. В. Цоя.

40. 우덕순
(1876~1950)

민족 영웅 안중근의 전우. 1909년 하얼빈에서의 이토 히로부미 통감 암살 기획자 중 한 명.
조선 충청도 제천군에서 태어났다. 서당에서 수학하였다. 1905년 러시아로 이주하였다. 1908년 블라디보스토크에서 안중근을 만나 일본의 앞잡이 이토 히로부미 암살에 참여하기로 뜻을 모았다. 10월 21일 안중근과 함께 블라디보스토크에서 하얼빈으로 갔다. 1909년 10월 26일 하얼빈역에서 안중근이 이토 히로부미를 암살하였다. 바로 그날 우덕순과 조도선이 일본 헌병대에 체포되었다. 1910년 2월 7일 재판에서 우덕순은 징역 3년을 선고받았다.

1. 박 B. D., 박 B. B. 『안중근: 한국의 민족 영웅』(모스크바, 2012), 82, 98, 99, 121, 154쪽.

40. У ДОКСУН (ЧИДО-ОСЕН)
(1876 – 1950)

Соратник национального героя Ан Джунгына, один из участников покушения на генерал-резидента Кореи Ито Хиробуми в 1909 г. в Харбине.
Родился в Корее в уезде Чечхон провинции Чхунчхон. Учился в сельской школе. В 1905 г. переехалв Россию. В 1908 г. познакомился во Владивостоке с Ан Джунгыном, согласился принять участие в ликвидации японского ставленника Ито Хиробуми. 21 октября вместе с Ан Джунгыном выехал из Владивостока в Харбин. 26 октября 1909 г. на вокзале ст. Харбин Ан Джунгын совершил покушение на Ито Хиробуми. В тот же день У Доксун и Чо Досон были схвачены японской жандармерией. 7 февраля 1910 г. суд приговорил У Доксуна к 3 годам каторжных работ.

1. Пак Б. Д., Пак Б. Б. Ан Джунгын — национальный герой Кореи. Москва, 2012. С. 82, 98, 99, 121, 154 и др.

41. 홍파(이민환, 이승, Chil Sing Dong)

(1898~1973)

3·1운동 참가. 빨치산 부대 지휘관. 이동휘, 박진순의 전우.

조선 함경도에서 태어났다. 유년 시절부터 항일운동에 참가하였고 청년동맹을 조직하는 데 주도적인 역할을 하였다. 3·1운동 이후 지하로 들어가 '군비단'에서 싸웠다. 1921년 봄 빨치산들과 함께 러시아 이만 지역에 도착하였다. 고려혁명군정의회 위원으로 임명되었고, 그 후 빨치산 부대 지휘관이 되었다. 1925년 만주로 파견되었다. 1927년부터 극동 소비에트 행정기관에서 일하였다. 1930년대에 정치적 박해를 받았으나 그 후 석방되었다. 1945년 적군의 일원으로 조선 해방에 참가하였다. 말년에는 예센투키에서 거주하였고 그곳에 묻혔다.

소련 대일전 참전메달을 받았다(사후에). 대한민국 건국훈장 독립장이 추서되었다.

1. 조카 김 A.의 2012년 11월 29일 자 서한(최 V. V. 개인 소장).
2. 김 M. T., 『한인 국제주의자들의 극동에서의 소비에트 권력 쟁취를 위한 투쟁』(모스크바: 나우카, 1975), 112쪽.

41. ХОН ПХА (ЛИ МИНХВАН, ЛИ ШИН, ЧИЛЬ СИНГ ДОНГ)

(1898 – 1973)

Участник Первомартовского восстания, командир партизанских отрядов, соратник Ли Донхви, Пак Чинсуна.

Родился в Корее в провинции Хамгён. С юношеских лет принимал участие в антияпонском движении, стал одним из организаторов Юношеского союза. После Первомартовского восстания ушёл в подполье, сражался в отряде «ГунБидан». Весной 1921 г. вместе с партизанами прибыл в Россию в район Имана. Был назначен членом Реввоенсовета, а затем командиром партизанского отряда. В 1925 г. направлен в Маньчжурию. С 1927 г. работал в советских административных органахна Дальнем Востоке. В 1930-е гг. подвергся политическим репрессиям. Освобождён. В 1945 г. в составе Красной Армии принимал участие в освобождении Кореи. В последние годы жил и был похоронен в г. Ессентуки.

Награждён СССР медалями за участие в войне против Японии. Награждён Грамотой Республикой Корея за участие в борьбе за независимость (посмертно).

1. Письмо племянника. Кима А. 29.11.2012 //Личный архив В. В. Цоя.
2. Ким М. Т. Корейские интернационалисты в борьбе за власть Советов на Дальнем Востоке. Москва, «Наука», 1975. С. 112.

42. 최 바실리 이바노비치(학성)

(1895~1953)

연해주 빨치산. 세르게이 라조의 전우.

연해주에서 태어났다. 1920년대 초 국제여단에서 싸우다가 그 후 전설적인 세르게이 라조 부대의 일원이 되어 싸웠다. 전후 '세베르니 마야크' 집단농장의 제1위원장이 되었다. 1937년 우즈베키스탄의 카라칼파키야자치공화국으로 강제이주 되었다. 우즈베키스탄, 카라칼파키야자치공화국 호제일리에 묻혀 있다.

1. 리 G. N., 최 A. P., 전 V. S., 유가이 G. A., 『러시아의 한인 백과사전』(모스크바: 라엔, 2003), 1276쪽.

42. ЦОЙ ВАСИЛИЙ ИВАНОВИЧ (ХАКСЕН)

(1895 – 1953)

Партизан Приморья, соратник С. Лазо.

Родился в Приморской области. В начале 1920-х годов сражался в интернациональной бригаде, потом в отряде легендарного С. Лазо. После войны работал первым председателем колхоза «Северный маяк». В 1937 г. депортирован в Узбекистан, в Каракалпакскую АССР. До выхода на пенсию работал заместителем председателя колхоза. Похоронен в г. Ходжейли Кара-Калпакской АССР Узбекской ССР.

1. Ли Г. Н., Цой А. Д., Цой Б., Чен В. С., Югай Г. А. Энциклопедия корейцев России. Москва, РАЕН, 2003. С. 1276.

43. 채 블라디미르 니콜라예비치

(1898~1940)

빨치산, 내전 및 극동 민족해방투쟁 참가자.
연해주에서 태어났다. 빨치산 부대에서 싸웠다. 이후 적군 부대원으로 일본군과 백군에 맞서 싸웠다. 내전이 끝나자 적군에 남았고, 극동 합동국가정치국과 전(全)러시아반혁명 및 태업반대투쟁 비상위원회 산하 기관에서 근무하였다. 뛰어난 업무 능력으로 정부 포상을 여러 번 받았다. 1937년 정치적 박해를 받아 우즈베키스탄으로 강제이주 되었다. 타슈켄트에서 사망하였다.

1. 딸의 2013년 6월 12일 자 서한(최 V. V. 개인 소장).

43. ЦХАЙ ВЛАДИМИР НИКОЛАЕВИЧ

(1898 – 1940)

Партизан, участник Гражданской войны и национально-освободительной борьбы на Дальнем Востоке.
Родился в Приморской области. Сражался в партизанском отряде, а затем в рядах Красной Армии против интервентов и белогвардейцев. После окончания Гражданской войны оставался в Красной Армии, работал в органах ВЧК и ОГПУ Дальнего Востока. За отличную службу неоднократно награждался Правительственными грамотами. В 1937 г. подвергся политическим репрессиям, депортирован в Узбекистан. Умер в Ташкенте.

1. Письмо дочери 12.06.2013 // Личный архив В. В. Цоя.

44. 조동호
(1892~1954)

3·1운동 참가, 대한민국 임시정부 요원.
조선 충청북도에서 태어났다. 1917년 중국 난징에서 대학교를 졸업하였다. 1919년 대한민국 임시정부에 참여하였다. 1921년 고려공산당(이르쿠츠크파) 당원이 되었다. 1924년 조선으로 돌아갔다. 1925년 조선공산당 중앙위원회 위원이었다. 1926년 상하이 조선공산당 해외부 부원이었다. 1927년 조선공산당 대표(제2차 소집)로서 모스크바에 파견되었다. 1928년 상하이에서 체포되었다가 1932년 석방되었다. ≪조선일보≫ 기자로 일하였다. 1945년 조선공산당에 입당하였다. 1947년 조선노동당 당원이 되었다.

1. "1918~1941년 전소연방공산당(볼셰비키), 코민테른, 한국", 『러시아 정치 백과사전』(모스크바, 2007), 780쪽.

44. ЧО ДОНХО (ЧЖО ДОНХО)
(1892 – 1954)

Участник Первомартовского восстания, член Временного правительства Корейской республики.
Родился в провинции Северный Чхунчхон в Корее. В 1917 г. окончил университет в Нанкине (Китай). В 1919 г. вошёл в состав Временного правительства Республики Корея. В 1921 г. вступил в члены ККП («иркутская группа»). В 1924 г. вернулся в Корею. В 1925 г. — член ЦК ККП. В 1926 г. — член Заграничного бюро ККП в Шанхае. В 1927 г. направлен в Москву в качестве представителя ККП (второго созыва). В 1928 г. арестован в Шанхае, в 1932 г. освобождён. Работал корреспондентом «Чосонильбо». В 1945 г. принят в члены ККП. В 1947 г. — член Трудовой партии Кореи.

1. ВКП (б). Коминтерн и Корея 1918-1941 гг. Москва, Российская политическая энциклопедия (РОССПЭН), 2007. С. 780.

45. 조도선(조준)

(1879~?)

안중근의 동지, 1909년 하얼빈역에서 이토 히로부미 암살 기획자 중 한 명.

조선 함경남도 경포면에서 태어났다. 러시아에서 15세부터 농사일을 시작하였고 그 후 금광에서 일하였다. 블라디보스토크, 하바롭스크, 이르쿠츠크, 보다이보 등에서 일하였다. 하얼빈에서 암살 3일 전인 10월 23일에 안중근, 유동하와 만났다. 1909년 10월 26일 조도선은 하얼빈역에서 일본 정치인 이토 히로부미 암살에 참여한 사람들 중 한 명이었다. 바로 그날 우덕순과 조도선은 일본 헌병대에 체포되었다. 1910년 2월 7일 재판에서 조도선은 징역 1년 6월을 선고받았다.

1. 박 B. D., 박 B. B. 『안중근: 한국의 민족 영웅』(모스크바: 러시아과학아카데미 동방학연구소, 2012). 82, 98, 99, 121, 154, 156, 163쪽.

45. ЧО ДОСОН (ЧО ДЖУН)

(1879 – …)

Соратник Ан Джунгына, один из участников покушения на Ито Хиробуми в 1909 г. в Харбине.

Родился в Корее в деревне Кёнпхомён провинции Южный Хамгён. В России с 15-ти лет. Начинал с сельскохозяйственных работ, впоследствии работал на золотых приисках. Жил и работал во Владивостоке, Хабаровске, Иркутске, Бодайбо и др. С Ан Джунгыном и Ю Тонха встретился в Харбине 23 октября за 3 дня до покушения. 26 октября 1909 г. на вокзале ст. Харбин стал одним из участников покушения на японского политика Ито Хиробуми. В тот же день У Доксун и Чо Досон были схвачены японской жандармерией. 7 февраля 1910 г. суд приговорил Чо До сона к 1,5 годам каторжных работ.

1. Пак Б. Д., Пак Б. Б. Ан Джунгын — национальный герой Кореи. Москва, 2012. С. 82, 98, 99, 121, 154, 156, 163.

46. 전홍섭

(1892~?)

조선과 러시아에서 항일운동 참가.

조선 함경북도 회령 양반 가문에서 태어났다. 좋은 교육을 받았다. 유년 시절부터 항일운동에 투신하였다. 적극 활동분자로 체포되어 투옥되었다. 혹독한 고문을 받았다. 러시아로 탈주하여 블라디보스토크, 하바롭스크 등에서 일하였다. 모스크바로 유학을 갔다가 1937년 하바롭스크로 돌아와 하바롭스크 군관구 참모부에서 병참관으로 근무하였다. 1938년 정치적으로 탄압받고 총살되었다. 1957년 완전히 복권되었다.

1. 증손녀 강 I. A.의 2017년 11월 9일 자 서한(최 V. V. 개인 소장).

46. ЧОН ХОНСОБ

(1892 – …)

Участник антияпонского сопротивления в Корее и в России.

Родился в Корее в провинции Северный Хамгён(Ховерен) в семье янбана. Получил хорошее образование. В антияпонском движении с юношеских лет. За активные выступления был арестован и заключён в японскую тюрьму. Подвергся жестоким пыткам. Бежал в Россию. Работал на во Владивостоке, Хабаровске. Направлен на учёбу в Москву. По возвращении в 1937 г. работал интендантом в Штабе военного округа в Хабаровске. В 1938 г. подвергся политическим репрессиям, расстрелян. Полностью реабилитирован в 1957 г.

1. Письма правнучки И. А. Кан 09-11.2017 // Личный архив В. В. Цоя.

47. 유동하

(1892~1918)

민족 영웅 안중근의 동지, 1909년 하얼빈 이토 히로부미 암살 기획자 중 한 명.
조선 함경남도에서 태어났다. 1902년 러시아로 이주하였다. 안중근과는 1909년 4월에 알게 되었다. 1909년 10월 21일 일본 정치인 이토 히로부미 암살 계획 참여자들과 합류하였다. 안중근에게 이토 히로부미의 하얼빈역 도착 시간을 통보해주었다. 이토 히로부미가 암살된 후에 체포되었다. 1910년 2월 7일 재판에서 징역 1년 6월을 선고받았다.

1. 박 B. D., 박 B. B.『안중근: 한국의 민족 영웅』(모스크바: 러시아과학아카데미 동방학연구소, 2012), 82, 121, 145, 155, 157, 163, 169쪽.

47. Ю ТОНХА (Ю КАННО)

(1892 – 1918)

Соратник национального героя Ан Джунгына, один из участников покушения на Ито Хиробуми в 1909 г. в Харбине.
Родился в провинции Южный Хамгён в Корее. В 1902 г. переселился в Россию. С Ан Джунгыном знаком с апреля 1909г.Присоединился к участникам покушенияяна японского политика Ито Хиробуми 21 октября 1909 г. Сообщил Ан Джунгыну о времени прибытия Ито Хиробуми в Харбин. После покушения на Ито Хиробуми арестован. 7 февраля 1910 г. суд приговорил к 1,5 годам каторжных работ.

1. Пак Б. Д., Пак Б. Б. Ан Джунгын — национальный герой Кореи. Москва, 2012. С. 82, 121, 145, 155, 157, 163, 169 и др.

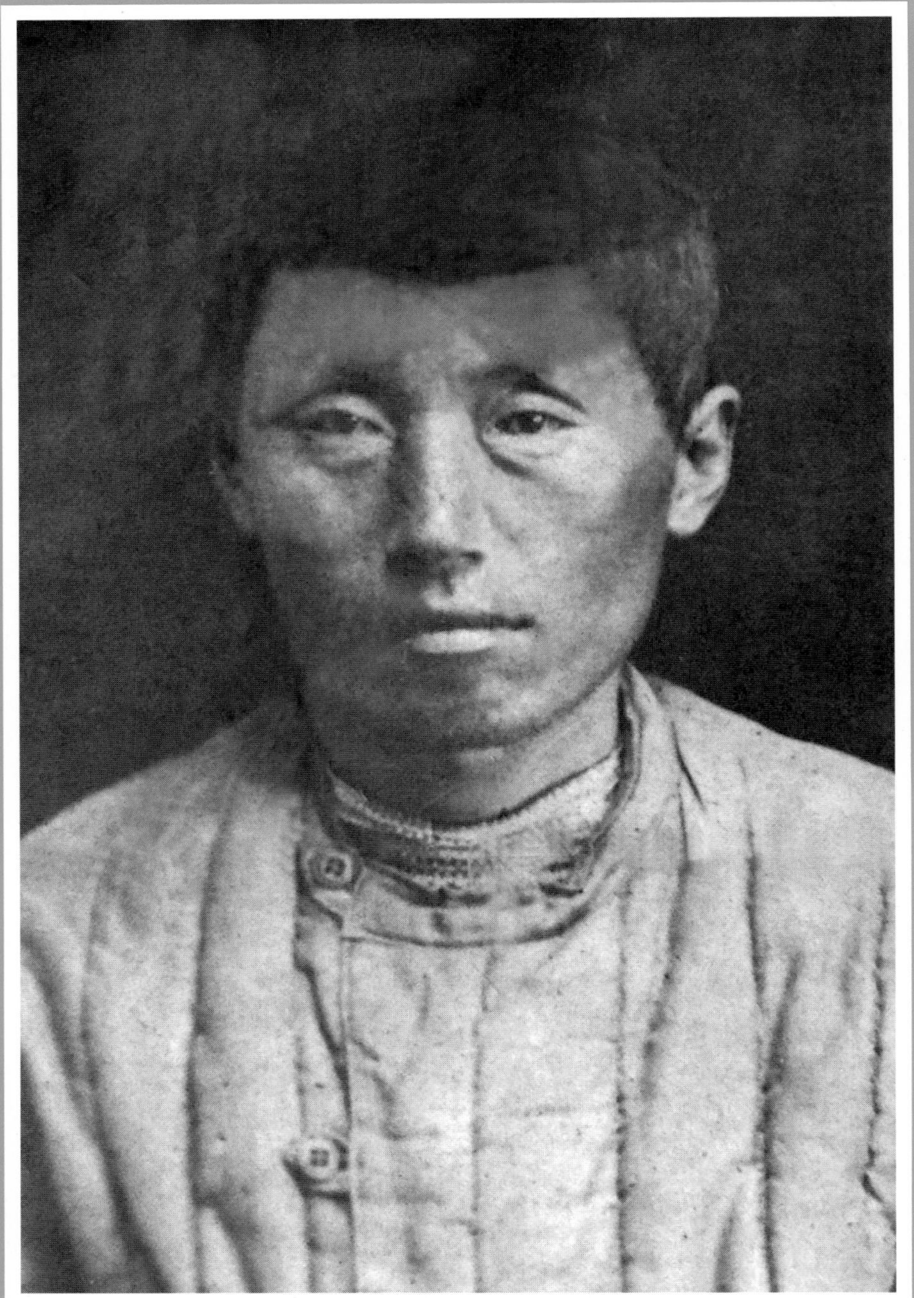

48. 윤영희

(1895~?)

연해주 빨치산.

조선의 머슴 가정에서 태어났다. 1920년 빨치산 부대에 들어갔다. 이만에서 이르쿠츠크까지 여러 전투에 참여하였다. 1922~1923년 제5군 소속이었고, N. A. 칼란다라시빌리 빨치산 부대의 부대원이었다. 1930년대에 연해주 수찬 구역 '안드레옙카' 어업집단농장 총책임자 부관으로 일하였다.

1. 연해주국립문서보관소(GAPK), 문서번호: F. R-30. Op. 1. D. 24. LL. 16-18ob.

48. ЮН ЕНХИ

(1895 – …)

Партизан Приморья.

Родился в Корее в семье батрака. В 1920 г. вступил в партизанский отряд. Прошёл боевой путь от Имана до Иркутска. В 1922-1923 гг. находился в составе 5-й Армии, был членом партизанского отряда Н.А. Каландарашвили. В 1930-е гг. работал помощником шкипера в рыболовецком колхозе «Андреевка» Сучанского района Приморской области.

1. ГАПК. Ф. Р-30. Оп. 1. Д. 24. ЛЛ. 16-18об.

49. 윤상근
(1892~?)

연해주 빨치산.

조선의 농민 가정에서 태어났다. 1914년 블라디보스토크로 가서 짐꾼으로 일하였다. 1919년 빨치산 부대 지휘관이었다. 니콜스크 인근에 주둔하던 일본군과 싸운 전투에 참가하였다. 1920년 자유시에서 오하묵의 부대원으로, 그 후에는 N. A. 칼란다라시빌리의 부대원으로 있었다. 1921년 이르쿠츠크로 파견되어 1923년까지 활동하였다. 그 후 짐꾼으로 일하였던 블라디보스토크로 돌아갔다. 1930~1932년 어업집단농장 '파블롭스키' 관리위원, 그 후에는 연해주 수찬 구역 '옥탸브리' 집단농장 작업반장을 지냈다. 1924년 이후로 러시아공산당(볼셰비키) 당원이었다.

1. 연해주국립문서보관소(GAPK), 문서번호: F. R-30. Op. 1. D. 24. LL. 12-13ob.

49. ЮН САНГЫН
(1892 – …)

Партизан Приморья.

Родился в Корее в крестьянской семье. В 1914 г. приехал во Владивосток. Работал грузчиком. В 1919 г. — командир отделения партизанского отряда. Принимал участие в боях против японских войск под Никольском. В 1920 г. — в Свободном, под командованием О Хамука, затем Н. А. Каландарашвили. В 1921 г. направлен в Иркутск, где пробыл до 1923 г. Затем вернулся во Владивосток, где работал грузчиком. В 1930-1932 гг. был членом правления рыболовецкого колхоза «Павловский», затем бригадиром колхоза «Октябрь» Сучанского района Приморской области. Член РКП(б) с 1924 г.

1. ГАПК. Ф. Р-30. Оп. 1. Д. 24. ЛЛ. 12-13об.

50. 양춘식

(1901~?)

연해주 셉첸코 부대 빨치산.

조선 홍원군의 노동자 가정에서 태어났다. 니콜라옙카 마을 어부였다. 극동에 소비에트 정권을 수립하는 데 적극적으로 참가하였다. G. M. 셉첸코 빨치산 부대원으로 싸웠다. 1937년 카자흐스탄으로 강제 이주 되었다. 거의 25년 동안 잠불주 '쿰조트' 집단농장의 위원장을 지냈다. 높은 수확량으로 소련 사회주의 노동영웅 칭호(1950), 레닌훈장, 노동적기훈장, 명예훈장 등을 받았다.

1. 『사회주의 노동 영웅들: 카자흐탄인』 5(알마티, 1985), 407~408쪽.

50. ЯН ЧУНСИК

(1901 – …)

Партизан отряда им. Шевченко в Приморском крае.

Родился в Корее в уезде Ховон в семье рабочего. Рабочий-рыбак с. Николаевка. Принимал активное участие в установлении Советской власти на Дальнем Востоке. Сражался в партизанском отряде Г.М. Шевченко. В 1937 г. депортирован в Казахстан. Почти 25 лет был председателем колхоза «Кум-Жота» Джамбульской области. За высокие урожаи удостоин СССР звания Героя Социалистического Труда(1950), награждён орденами Ленина, Трудового Красного Знамени, Знак Почёта.

1. Герои Социалистического Труда — казахстанцы. Алма-Ата, 1985. Т. 5. С. 407-408.

편집자

최 발렌틴 발렌티노비치

1938년 쿠이비셰프(사마라)에서 태어났다. 한국의 민족 영웅 최재형(최 표트르 세묘노비치)의 손자이다. 1956년 알마티에서 학교를 졸업하였다. 1963년 모스크바의 바우만공과대학을 졸업하였다. 30년 이상 전소경합금대학연구소의 소장으로 근무했으며, 소련 항공산업성 기획부서의 장으로 일했다. 단순 기술자에서 시작하여 과학산업체 부장에 오른 입지전적 인행 여정을 보여주었다. 기술학 박사이며, 특허나 발명에 관한 저작을 포함하여 60편 이상의 학술 출판물의 저자이다.

주업과 병행하여 20년 이상 한인 신문 ≪고려일보≫(카자흐스탄, 알마티), ≪원동≫, ≪고려신문≫(우수리스크), ≪러시아 한인≫(모스크바) 등의 모스크바 특파원으로 일하였다. 한국 문제에 대해 400편 이상의 기사를 발표하였다. 저자 또는 공저자로 『최재형(최 표트르 세묘노비치)』, 『사진으로 본 러시아 한인의 항일 독립운동』, 『1941~1945년 제2차 세계대전 전선의 소비에트 한인』 등 8권을 저술했다.

1997~2003년 한국민주평화통일자문회의 국제위원회 위원이었다.

1997년부터 현재까지 '고려인독립유공자협회' 회장이다.

기혼이며 두 아이가 있다.

О СОСТАВИТЕЛЯХ

Цой Валентин Валентинович

Цой Валентин Валентинович родился в 1938 г. в г. Куйбышеве (Самаре). Внук национального героя Кореи Чхве Джэхёна (Цоя Петра Семёновича). Школу окончил в 1956 г. в Алма-Ате. В 1963 г. закончил Московское высшее техническое училище (МВТУ) им. Н. Э. Баумана. Более 30 лет проработал во Всесоюзном институте лёгких сплавов (ВИЛСе), ведущем отраслевом предприятии Министерства авиационной промышленности СССР. Прошёл путь от инженера до начальника научно-производственного комплекса. Кандидат технических наук. Автор свыше 60-ти научных публикаций в том числе патентов и изобретений.

Более 20 лет, наряду с основным занятием, работал корреспондентом по Москве корейских газет «Коре ильбо» (Алма-Ата, Казахстан), «Вон Дон» и «Коре синмун» (Уссурийск), «Российские корейцы» (Москва). Опубликовал свыше 400 статей по корейской проблематике. Автор и соавтор 8-ми монографий, в том числе «Чхве Джэхён (Цой Пётр Семёнович), «Российские корейцы в борьбе за независимость Кореи», "Советские корейцы на фронтах Великой Отечественной войны. 1941-1945", и др.

1997-2003 гг. — член Международной комиссии по мирному объединению Кореи.

С 1997 г. по настоящее время президент Региональной общественной организации «Потомки борцов за независимость Кореи».

Женат, двое детей.

편집자

신 드미트리 블라디미로비치

1977년 모스크바에서 태어났다. 모스크바대학 아시아아프리카연구소 산하 제14고등중학교를 졸업하였다.
2001년 러시아국립인문대학 역사문헌대학을 졸업하였다.
2000~2005년 ≪고려 디아스포라≫, ≪아리랑≫, ≪아리랑프레스≫ 신문사에서 근무하였다.
2004년부터 CIS 한인 포털 사이트 'Arirang.ru'의 대표이다.
『1941~1945년 제2차 세계대전 전선의 소비에트 한인』의 저자이다.

О СОСТАВИТЕЛЯХ

Шин Дмитрий Владимирович

Родился в 1977 г. в г. Москве. Выпускник лицея № 14 при ИСАА МГУ.

В 2001 г. окончил Историко-архивный институт РГГУ.

В 2000-2005 гг. работал в газетах «Корейская диаспора», «Ариран», «Ариран-Пресс».

С 2004 г. — руководитель Информационного портала корейцев СНГ Arirang.ru.

Автор книги «Советские корейцы на фронтах Великой Отечественной войны 1941-1945 гг.» .

감수자

반병률

한국외국어대학교 인문대 사학과 교수, 디지털인문한국학연구소 소장.
주요 저서로는 『통합임시정부와 안창호, 이동휘, 이승만: 삼각정부의 세 지도자』(신서원, 2019), *The Rise of the Korean Socialist Movement: Nationalist Activities in Russia and China, 1905-1921*(Hanul, 2016), 『홍범도 장군: 자서전 홍범도 일지와 항일무장투쟁』(한울, 2014), 『망명자의 수기』(한울, 2013), 『여명기 민족운동의 순교자들』(신서원, 2013), 『1920년대 전반 만주·러시아 항일무장투쟁』(독립기념관, 2009), 『국외 3·1운동』(공저, 독립기념관, 2009), 『우스베키스탄 한인의 정체성 연구』(공저, 한국정신문화연구원, 2001), 『성재 이동휘 일대기』(범우사, 1998) 등이 있다.

번역자

안동진

한국외국어대학교 디지털인문한국학연구소 연구교수.
한국외국어대학교 문학박사. 19세기 러시아 문학 전공.
주요 논문으로 「이반 촌킨 그 뒤섞인 세계」 등이 있으며, 역서로는 『북아시아설화집』 2, 『아이누인 이야기』, 『체호프 아동문학선집』 등이 있다.

이재훈

한국외국어대학교 디지털인문한국학연구소 연구교수.
러시아과학아카데미 세계경제/국제관계연구소에서 박사학위 취득.
근현대 한·러 관계와 북·소 관계를 연구하고 있다.
주요 논저로는 「러일전쟁 직전 러시아의 압록강 삼림채벌권 활용을 통해 본 한러 경제관계의 성격」, 「소련공산당 기관지 프라브다에 비친 한국전쟁」, 『러시아 외교관이 바라본 근대한국』(역서), 『20세기 러시아와 중국: 국경』(역서), 『동북아시아의 갈등과 대립』(저서) 등이 있다.

신동혁

한국외국어대학교 디지털인문한국학연구소 연구교수.
러시아과학아카데미 러시아역사연구소(모스크바)에서 박사학위 취득.
근현대 국가-교회 관계, 교회의 사회적 역할을 연구하고 있다.
주요 논저로는 「현대 러시아에서 교회와 정치: 러시아 정교회의 '루스끼 미르 개념'을 중심으로」, "Stalin's Foreign Policy and Russian Orthodox Church in the 1940-50s", 『현대 러시아 문화연구』(공저), 『우크라이나의 이해』(공저), 『러시아 정교회. 가이드북』(공저) 등이 있다.

Консультант

Пан Бен Рюль

Профессор отделения истории гуманитарного института при университете иностранных языков Ханкук, Директор Института цифровых корейских исследований при университете иностранных языков Ханкук.

Основные монографии: «Интегрированное временное правительство и Ан Чхан Хо, Ли Дон Хви, Ли Сын Ман: лидеры правительства периода троевластия» (Синсовон, 2019), «Подъем корейского социалистического движения: работа националистов в России и Китае в период 1905-1921 гг.» (Академия Хануль, 2013), «Генерал Хон Бом До: Автобиографический журнал Хон Бом До и вооруженная борьба против Японии» (Хануль, 2013), «Мученики националистического движения в период зарождения» (Синсовон, 2013), «Вооруженная борьба против Японии в Манчжурии и России в первой половине 1920-х годов» (Музей Независимости, 2009), «Движение 3 марта за рубежом» (в соавторстве, Музей Независимости, 2009), «Исследование национальной идентичности корейцев в Узбекистане» (в соавторстве, Корейский институт ментальной культуры, 2001), «Хроники Ли Дон Хви» (Помуса, 1998).

Переводчики

Ан Дон Джин

Профессор-исследователь Института цифровых корейских исследований при университете иностранных языков Ханкук.

Степень: кандидат философии по литературе (Университет иностранных языков Ханкук).

Сфера интересов: русская литература XIX века.

Основные публикации: "Иван Чонкин и его перевернутый мир", «Сборник рассказов Северной Азии II» (перевод), «Истории айнов» (перевод), «Антология чеховской детской литературы» (перевод).

Ли Чже Хун

Профессор-исследователь Института цифровых корейских исследований при университете иностранных языков Ханкук.

Степень: кандидат экономических наук (Институт мировой экономики и международных отношений РАН)

Сфера интересов: Отношения Республики Корея и России, отношения СССР и КНДР.

Основные публикации: "Характер экономических отношений между Кореей и Россией: на примере использования экономических прав России на вырубку леса в районе реки Амноккан незадолго до начала Русско-Японской войны", "Корейская война на страницах газеты «Правда», органа Коммунистической партии Советского Союза", «Новая Корея глазами российского дипломата (перевод), Россия и Китай в XX веке: граница» (перевод), «Конфликты и противостояние в Северо-Восточной Азии» (монография).

Шин Дон Хёк

Профессор-исследователь Института цифровых корейских исследований при университете иностранных языков Ханкук.

Степень: кандидат исторических наук (Институт российской истории РАН, Москва)

Сфера интересов: отношения между церковью и государством на современном этапе, общественная-политическая роль церкви.

Основные публикации: "Церковь и политика в современной России: на примере концепции РПЦ Русского мира", "Внешняя политика Сталина и Русская православная церковь в 1940–50-х гг.", «Современная культура России» (в соавторстве), «Понимание Украины» (в соавторстве), «Русская православная церковь. Путеводитель» (в соавторстве).

사진으로 본 러시아 한인의 항일 독립운동 제3권

기　획 | 한국외국어대학교 디지털인문한국학연구소 토대연구사업단
편　집 | 최 발렌틴 발렌티노비치, 신 드미트리 블라디미로비치
책임편집 | 박 벨라 보리소브나
감　수 | 반병률
번　역 | 안동진, 이재훈, 신동혁
펴낸이 | 김종수
펴낸곳 | 한울엠플러스(주)

초판 1쇄 인쇄 | 2019년 2월 5일
초판 1쇄 발행 | 2019년 2월 11일

주　소 | 10881 경기도 파주시 광인사길 153 한울시소빌딩 3층
전　화 | 031-955-0655
팩　스 | 031-955-0656
홈페이지 | www.hanulmplus.kr
등록번호 | 제406-2015-000143호

Printed in Korea.
ISBN 978-89-460-6617-5 03910(양장)
978-89-460-6618-2 03910(반양장)

* 책값은 겉표지에 표시되어 있습니다.

이 도서의 국립중앙도서관 출판예정도서목록(CIP)은 서지정보유통지원시스템 홈페이지(http://seoji.nl.go.kr)와
국가자료종합목록시스템(http://www.nl.go.kr/kolisnet)에서 이용하실 수 있습니다.
CIP제어번호: CIP2019004733 (양장), CIP2019004850 (반양장)

This work was supported by the Ministry of Education of the Republic of Korea and
the National Research Foundation of Korea (NRF-2017S1A5B4055531).